APLICAÇÃO DA PENA

A282a   Aguiar Júnior, Ruy Rosado de.
         Aplicação da pena / Ruy Rosado de Aguiar Júnior. – 5. ed.,
         atual. e ampl. – Porto Alegre: Livraria do Advogado Editora:
         AJURIS, 2013.
         126 p.; 21 cm.
         Inclui índice e apêndice.
         ISBN 978-85-7348-826-5

         1. Pena (Direito). 2. Direito penal. 3. Delito. 4. Multas. 5. Circunstâncias agravantes. I. Título.

                                        CDU 343.8
                                        CDD 345

    Índice para catálogo sistemático:
1. Penas   343.8

(Bibliotecária responsável: Sabrina Leal Araujo – CRB 10/1507)

Ruy Rosado de Aguiar Júnior

APLICAÇÃO DA PENA

5ª EDIÇÃO
atualizada e ampliada

Porto Alegre, 2013

© Ruy Rosado de Aguiar Júnior, 2013

Capa, projeto gráfico e diagramação
Livraria do Advogado Editora

Revisão
Rosane Marques Borba

Direitos desta edição reservados por
Livraria do Advogado Editora Ltda.
Rua Riachuelo, 1338
90010-273 Porto Alegre RS
Fone/fax: 0800-51-7522
editora@livrariadoadvogado.com.br
www.doadvogado.com.br

Impresso no Brasil / Printed in Brazil

Texto básico de curso ministrado na Escola Superior da Magistratura da AJURIS/RS, em Curso de Preparação ao Concurso de Juiz de Direito.

Texto ampliado e atualizado em homenagem aos alunos da Escola e aos juízes Ruy Neto, Ana Lúcia e Daniel.

Sumário

I – SISTEMA DE PENAS – PENAS SUBSTITUTIVAS – *SURSIS* 11
1. Conduta punível 11
2. Individualização 11
3. Individualização judicial 12
4. Penas institucionais e alternativas 13
5. Penas privativas da liberdade 13
6. Regimes de penas 13
7. Regime fechado 15
8. Crime hediondo 16
9. Tortura 18
10. Tráfico de entorpecentes 18
11. Associação criminosa 19
12. Estupro 20
13. Roubo 20
14. Regime semiaberto 20
15. Regime aberto 21
16. Regime inicial 22
17. Condenação em mais de um crime 25
18. Penas restritivas de direitos 25
19. Penas restritivas como pena cominada 26
20. Restritivas são as previstas na lei 26
21. Substituição da pena privativa da liberdade por restritivas de direito.
    Exame da substituição 27
22. Substituição. Momento da substituição 28
23. Substituição. Requisitos (art. 44) 29
24. Substituição. Concurso de crimes. Crime continuado 29
25. Substituição. Violência ou grave ameaça 30
26. Substituição. Reincidência 31
27. Substituição 33
28. Substituição. Reincidência específica 33
29. Substituição. Ponderação dos requisitos 34
30. Penas restritivas em espécie. Prestação pecuniária (art. 45, § 1º) 34
31. Prestação pecuniária. Valor 36
32. Prestação pecuniária que não seja em dinheiro 37
33. Perda de bens (art. 45, § 3º) 37

34. Prestação de serviços...38
35. Prestação de serviços. Requisitos (art. 46)...39
36. Interdição (art. 47)...41
37. Interdição. Direção de veículo. Trânsito...41
38. Interdição. Cargo público...43
39. Proibição de frequentar lugares...43
40. Limitação de fim de semana...43
41. Leis esparsas sobre penas restritivas...44
42. Pena de multa...50
43. Multa em leis esparsas...51
44. Multa. Cálculo...51
45. Multa. Cálculo. Causas de aumento...52
46. Multa. Concurso de crimes. Crime continuado...52
47. Multa. Execução...53
48. Multa substitutiva...53
49. Multa. Leis esparsas...54
50. Multa reparatória...55
51. Multa. Aplicação isolada...56
52. Multa...56
53. Suspensão condicional da pena. *Sursis*...57
54. *Sursis*. Crime hediondo...58
55. *Sursis* especial por idade ou doença...58
56. *Sursis* e regime probatório...59
57. *Sursis*. Regime probatório especial (art. 78, § 2º)...59
58. Suspensão condicional da pena e a substituição da pena por restritivas de direitos...60
59. Substituição. Semi-imputável...61
60. Suspensão condicional do processo...61

II – ELEMENTARES E CIRCUNSTÂNCIAS DO DELITO...65

61. Elementares...65
62. Distinção entre as elementares e as circunstâncias...65
63. Circunstâncias inseridas em tipo derivado...66
64. Elementares. Função...67
65. Circunstâncias. Classificação...68
66. Culpabilidade...68
67. Antecedentes...70
68. Conduta social...73
69. Personalidade...73
70. Motivos...75
71. Consequências...76
72. Comportamento da vítima...77
73. Análise judicial...77
74. Circunstâncias legais...79
75. Circunstâncias legais genéricas...79

76. Agravantes e atenuantes....80
77. Reincidência....80
78. Militar....82
79. Atenuantes....82
80. Qualificadoras....83
81. Causas de aumento e de diminuição (majorantes ou minorantes)....83
82. Causas de aumento e diminuição no crime de drogas....86
83. Roubo. Arma....88
84. Circunstância. Alteração da pena....89
85. Homicídio privilegiado. Furto privilegiado....89

III – CÁLCULO DA PENA....91
86. Procedimento judicial....91
87. Método trifásico....92
88. Nulidade....92
89. Competência para examinar o equívoco....93
90. Lei no tempo....94
91. Pena-base....95
92. Pena-base. Quantificação....95
93. Pena-base e a substituição da pena....97
94. Pena-base. Critérios....97
95. Pena-base. Método do Prof. Boschi....98
96. Pena-base. Tráfico de entorpecentes....99
97. Segunda fase....100
98. Atenuante e o mínimo legal....101
99. Concurso de circunstâncias....102
100. Ponderação de atenuantes e agravantes....105
101. Terceira fase....105
102. Concurso formal e crime continuado....106
103. Fundamentação da escolha do percentual das causas de aumento ou diminuição....108
104. Pena definitiva....111

ANEXO
Súmulas que interessam para a aplicação da pena....113
    Supremo Tribunal Federal....113
    Superior Tribunal de Justiça....114

Índice de jurisprudência....115

Índice alfabético e remissivo....123

I – SISTEMA DE PENAS – PENAS SUBSTITUTIVAS – *SURSIS*

1. Conduta punível

Reunidos os elementos da conduta punível (ação típica, antijurídica e culpável) e inexistindo causa de não aplicação da pena (ex.: art. 140, § 1º, do CP; art. 8º da LCP) ou extintiva da punibilidade (art. 107 do CP), cumpre ao juiz, na sentença, aplicar a sanção penal prevista para o caso.

2. Individualização

A sanção penal, por preceito constitucional, deve ser individualizada.

Dispõe o art. 5º, XLVI, da Constituição da República: "A lei regulará a individualização da pena e adotará, entre outras, as seguintes: a) privação ou restrição da liberdade; b) perda de bens; c) multa; d) prestação social alternativa; e) suspensão ou interdição de direitos".

A individualização já começa na elaboração da lei (individualização legislativa), quando são escolhidos os fatos puníveis, as penas aplicáveis, seus limites e critérios de fixação. A individualização feita na sentença, para o réu no caso concreto, corresponde à segunda fase (individualização judicial), seguida da individualização executória, durante o cumprimento da pena. Aqui nos interessa a segunda etapa.

3. Individualização judicial

A individualização judicial é uma garantia do réu e deve ser sempre fundamentada, não de forma vazia, com a repetição dos dizeres da lei e termos abstratos, mas com a indicação precisa dos fatos provados nos autos. A boa individualização judicial depende de o juiz ter-se preocupado, durante a instrução do feito, com a colheita e o registro dos elementos que serão necessários para a posterior definição da pena e seu regime de cumprimento.

Nos termos do art. 59 do CP, o juiz deve obedecer ao seguinte:

1) estabelecer as penas aplicáveis, dentre as cominadas. A cominação constante da norma incriminadora, que prevê o tipo e a pena, pode ser *isolada* (uma só pena); *cumulativa* (duas penas, privativa de liberdade e multa; ou três penas, privativa de liberdade, restritiva de direito e multa, como acontece no art. 308 do Código de Trânsito) ou *alternativa* (uma ou outra pena). A escolha de uma ou de outra tem a sua razão de ser e por isso deve estar fundamentada;

2) graduar a pena escolhida dentro dos limites legais;

3) determinar o regime inicial de cumprimento da pena privativa de liberdade;

4) decidir sobre a substituição da pena ou a sua suspensão condicional se, em princípio, a pena aplicada as admitir.

O julgador deve examinar ainda a possibilidade de substituição da pena por medida de segurança quando o réu for semi-imputável e necessitar de especial tratamento curativo (art. 98 do CP).

4. Penas institucionais e alternativas

O nosso sistema penal contempla as *penas institucionais*, que são as penas privativas de liberdade (reclusão, detenção e prisão simples), e as *penas alternativas*, que são as penas restritivas de direitos (art. 43 do CP), a multa penitenciária, cominada na norma incriminadora, e a multa reparatória (art. 297 do Código de Trânsito). Legislação especial prevê outras espécies de penas, como o disposto no art. 28 da Lei 11.343/2006 (drogas), que instituiu as penas de advertência, prestação de serviços e medida educativa.

5. Penas privativas da liberdade

As penas privativas de liberdade (que não são as penas corporais, açoite, flagelo etc.) são: reclusão, detenção ou prisão simples (CP e LCP). A reclusão distingue-se da detenção: a) é a única em que o regime inicial pode ser o fechado; b) é a única que pode ter o efeito de perda do poder familiar, tutela ou curatela (art. 92, II, do CP); c) não permite tratamento ambulatorial ao inimputável, que deverá ser internado se respondeu por crime punível com reclusão (art. 97 do CP). A prisão simples está prevista na Lei das Contravenções Penais (LCP) e será cumprida, sem rigor penitenciário, em regime aberto ou semiaberto (art. 6º da LCP).

6. Regimes de penas

São regimes de pena privativa de liberdade: regime fechado, semiaberto ou aberto, para a pena de reclusão; regime semiaberto ou aberto, para a de detenção (art. 33) ou prisão simples (art. 6º da LCP); regime especial, para as mulheres (art. 37).

A determinação do regime inicial é obrigatória para a sentença condenatória de pena privativa da liberdade e será feita com observância dos critérios previstos no art. 59 (art. 33, § 3º).

Três são os fatores que o juiz considerará na sentença para determinar o regime inicial: a quantidade da pena, a condição pessoal do réu, como reincidente ou não reincidente, e as circunstâncias judiciais do art. 59. Se todas as circunstâncias são favoráveis, e a pena-base é fixada no mínimo legal, não cabe determinar regime mais gravoso (STJ. HC 28.148/SP, Quinta Turma, ac. de 01.04.2004), pois haveria incongruência entre a afirmação do acórdão, que reconhece os bons antecedentes e as circunstâncias judiciais favoráveis ao réu, com a imposição de regime fechado (STF. HC 98.769/SP, Segunda Turma, ac. de 26.05.2009). Embora seja o réu reincidente, não apenas por isso receberá regime inicial fechado. É o exame conjunto das circunstâncias que justificarão, além da pena acima do mínimo, regime inicial mais gravoso.

Para determinar o regime, não é indispensável que a sentença reproduza – basta que se refira – "à fundamentação que já havia sido expressa acerca da exasperação da pena-base" (STF. RHC 94.907/DF, Segunda Turma, ac. de 07.10.2008).

A decisão sobre o regime inicial de cumprimento da pena e sua ponderação integra a garantia constitucional de individualização da pena e de fundamentação das decisões judiciais. Por isso, se o tribunal redimensiona a pena imposta, cumpre-lhe manifestar-se sobre o regime (STF. HC 96.384/BA, Primeira Turma, ac. de 02.12.2008).

Ainda antes do trânsito em julgado da sentença condenatória, que está sendo executada, admite-se a progressão do regime, nos termos da Súmula 716 do STF: "Admite-se a progressão de regime de cumprimento de pena ou a aplicação de imediata de regime menos severo nela determinada, antes do trânsito em julgado da sentença condenatória". Também não impede a progressão o fato de o réu se encontrar em prisão especial (Súmula 717/STF).

O condenado por crime contra a administração pública somente terá a progressão de regime se satisfizer uma das condições do art. 33, § 4º: reparação do dano ou devolução do produto do ilícito.

7. Regime fechado

Regime inicial fechado: a) para os condenados, a pena superior a oito anos (art. 33, § 2º, "a") (STJ. HC 73.112/RJ, Sexta Turma, ac. de 02.10.2008); b) para o reincidente punido com reclusão, a pena superior a quatro anos; c) para o reincidente com pena igual ou inferior a quatro anos, mas com judiciais desfavoráveis. O reincidente com pena igual ou inferior a quatro anos, com judiciais favoráveis, pode iniciar o cumprimento da pena em regime semiaberto (Súmula 269 do STJ: "É admissível a adoção do regime prisional semiaberto aos reincidentes condenados a pena igual ou inferior a quatro anos se favoráveis as circunstâncias judiciais". Logo, os reincidentes condenados a pena igual ou inferior a quatro anos, mas com judiciais desfavoráveis, e os reincidentes condenados a pena superior a quatro anos, iniciam o cumprimento da pena no regime fechado.

É preciso ter em conta que o regime fechado é destinado ao início do cumprimento da pena de reclusão, não ao de detenção (art. 33 do CP).

Entende-se que o regime fechado só é obrigatório como fase inicial do cumprimento da pena de reclusão, se a condenação for superior a oito anos ("deverá começar a cumpri-la", diz o § 2º, alínea "a"). Isso significa que o juiz sempre poderá optar pelo regime semiaberto para os outros casos, mesmo em se tratando de crime hediondo (ver no item seguinte), atendendo ao disposto no § 3º do art. 33.

De outra parte, é cabível – em decisão fundamentada – a imposição do regime inicial fechado para condenado a pena inferior a oito anos, conforme o grau de reprovabilidade da conduta e a existência de circunstâncias desfavoráveis (STJ. HC 196.485/SP, Quinta Turma, ac. de 01.09.2011).

Na unificação das penas, devem ser somadas as de reclusão e detenção (STJ. HC 79.380/SP, Quinta Turma, ac. de 21.08.2008), e em função do total encontrado será definido o regime inicial.

8. Crime hediondo

A Lei 8.072/1990, art. 2º, § 1º, determinava o cumprimento da pena do crime hediondo integralmente no regime fechado, tendo o STF julgado constitucional aquele dispositivo (STF. HC 73.924/SP, Segunda Turma, ac. de 06.08.1996; STF. HC 69.603/SP, Tribunal Pleno, ac. de 18.12.1992; STF. HC 69.657/SP, Tribunal Pleno, ac. de 18.12.1992; STF. HC 81.410/SC, Primeira Turma, ac. de 19.02.2002). Em razão disso, na edição anterior, ponderei contra aquela orientação: "[...] sendo a individualização da pena um preceito constitucional, e nela incluindo-se a fase executória, a eliminação da atividade jurisdicional nessa etapa, – que é substituída *a priori* pela decisão do legislador, única para todos os condenados, como se todos fossem iguais, – parece destoar da exigência de adequação da pena ao condenado e corresponde, *mutatis mutantis*, à determinação legal de pena privativa única, sem possibilidade de graduação". Felizmente, no HC 82.959/SP, Tribunal Pleno, ac. de 23.02.2006, o STF declarou a inconstitucionalidade do § 1º do art. 2º da Lei 8.072/1990. Seguiu-se a Lei 11.464, de 28 de março de 2007, que deu nova redação ao dito dispositivo, manteve o regime inicial fechado, mas admitiu a progressão: "§ 1º A pena por crime previsto neste artigo será cumprida inicialmente em regime fechado". Hoje está pacificado que inexiste óbice para a progressão de regime aos condenados por crimes hediondos (STJ. HC 76.079/MS, Quinta Turma, ac. de 10.04.2007). O regime inicial para os condenados por crimes hediondos e equiparados é obrigatoriamente o fechado: "Após a modificação do art. 2º, § 1º, da Lei 8.072/1990, pela Lei 11.464/2007, tornou-se obrigatória a fixação do regime inicial fechado para o cumprimento da pena pelos condenados por crimes hediondos e equiparados, independentemente do quantum da pena" (STJ. HC 139.739/MG, Quinta Turma, ac. de 02.03.2010). Mas, no entendimento da Sexta Turma, o fato de a Lei 11.464 impor o regime inicial obrigatoriamente fechado, "[...] persistiu-se na ofensa ao princípio da individualização da pena [...]. A lei não andou em harmonia com o princípio da proporcionalidade, corolário da busca do justo. Isso porque a imposição do regime fechado, inclusive a condenados a penas ínfimas, primários e de bons antecedentes, entra em rota de colisão com a Constituição e com a evolução do Direito Penal [...] ordem concedida para o deferimento de regime aberto" (STJ. HC 191.699/RJ, Sexta Turma, ac. de 01.03.2011). Com essa fundamentação, a Sexta Turma concedeu o regime semiaberto para o início do cumprimento da pena privativa de liberdade de dois anos e onze meses pelo crime de tráfico de entorpecentes (STJ. HC 166.785/RS, Sexta Turma, ac. de 02.09.2010). A questão está em saber se a lei pode estabelecer regime inicial atendendo à natureza do crime; que ela pode assim fazer levando em conta a quantidade da pena, não há dúvida e assim está no art. 33, § 2º, "a", cuja constitucionalidade nunca foi questionada. Creio que também não desborda do poder de individualização legislativa a escolha feita pelo legislador a respeito do regime inicial, em função ora da reincidência, como já está no art. 33, ora da natureza do crime, como consta no art. 2º, § 1º, da Lei 8.072/1990. Desde que se entenda tal disposição legal em consonância com o art. 33, § 3º: ponderadas as circunstâncias judiciais, o juiz pode, se for o caso, escolher regime inicial mais brando. Com isso, a interpretação mais liberal do § 1º acima citado levaria à ideia de que o regime fechado a que se refere não é de imposição obrigatória. É o que me parece correto.

De qualquer modo, para os crimes cometidos antes da publicação da Lei 11.464/2007, o regime inicial não é obrigatoriamente o fechado, observando-se o disposto nos arts. 33 e 59 do CP (STJ. EDcl. no HC 105.956/SP, Quinta Turma, ac. de 22.03.2011).

A Súmula 471 do STJ enunciou: "Os condenados por crimes hediondos ou assemelhados cometidos antes da vigência da Lei 11.464/2007 sujeitam-se ao disposto no art. 112 da Lei 7.210/1984 (Lei de Execução Penal) para a progressão de regime prisional".

A Súmula Vinculante 26/STF determinou ao Juízo da Execução o critério para avaliar a progressão.

9. Tortura

A Lei 9.455, de 07.04.1997, que dispõe sobre o crime de tortura, impôs o regime inicial fechado para o cumprimento das penas de reclusão nela previstas (STJ. AgRg. no HC 83.490/DF, Sexta Turma, ac. de 21.02.2008). É de detenção a pena cominada no art. 1º, § 2º, ao crime de omissão, cujo cumprimento pode iniciar em regime aberto.

10. Tráfico de entorpecentes

A execução da pena por tráfico ilícito de entorpecentes será iniciada em regime fechado (art. 2º, § 1º, da Lei

8.072/1990, com a redação da Lei 11.464/2007). A Sexta Turma do STJ "tem decidido pela possibilidade de fixação de regime prisional diverso do fechado para o início de cumprimento da pena privativa de liberdade aos condenados por tráfico de entorpecentes, considerados os requisitos previstos nos arts. 33 e 59 do CP". Tendo sido, naquele caso, aplicada a pena-base no mínimo legal, foi substituída a pena privativa da liberdade por duas restritivas de direito. (STJ. HC 156.672/MG, Sexta Turma, ac. de 22.03.2011).

Para réu reincidente, com pena-base acima do mínimo legal, embora condenado à pena inferior a quatro anos, foi imposto o regime inicial fechado, mediante a interpretação conjunta dos arts. 59 e 33, § 2º e § 3º (STJ. HC 111.061/MG, Quinta Turma, ac. de 12.08.2010).

A progressão de regime dar-se-á após o cumprimento de 2/5 da pena, se o apenado for primário, e 3/5, se reincidente (art. 2º, § 2º, da Lei 8.072/1990).

11. Associação criminosa

Ao crime autônomo de associação, tipificado no art. 35 da Lei sobre Drogas, não se aplica a regra do art. 2º, § 1º, sobre o início da pena em regime fechado previsto para os crimes hediondos, pois essa regra apenas se refere ao crime de tráfico de entorpecentes (precedentes, quando vigente a Lei 6.368/1976, mas ainda aplicáveis: STF. HC 75.978/SP, Primeira Turma, ac. de 12.05.1998; STJ. HC 15.820/DF, Quinta Turma, ac. de 06.11.2001; STJ. HC 26.257/SP, Sexta Turma, ac. de 15.04.2003; STJ. HC 27.217/RJ, Quinta Turma, ac. de 03.04.2003).

Porém, rege a espécie a norma especial do art. 10 da Lei 9.034/1995, sobre ações praticadas por organizações criminosas, segundo a qual os condenados por crime decorrente de organização criminosa iniciarão o cumprimento da pena em regime fechado.

12. Estupro

O crime de estupro (cujo tipo hoje inclui o de atentado violento ao pudor, cf. Lei 12.015/2009 – ver, adiante, causas de aumento), e o crime de estupro de vulnerável, ainda que cometidos em sua forma simples e mesmo com violência presumida, são considerados crimes hediondos, cuja pena deve ser cumprida inicialmente em regime fechado, mas admitida a progressão.

Contudo, com o julgamento do STF sobre a inconstitucionalidade do § 1º do art. 2º da Lei 8.072/1990, e com a superveniência da Lei 11.464, de 28.03.2007, ficou superada a jurisprudência que excluía a progressão de regime para os crimes dessa natureza.

13. Roubo

O STF firmou o entendimento de que a gravidade abstrata do crime de roubo qualificado não é suficiente, só por si, para a imposição obrigatória do regime fechado (STF. HC 83.523/SP, Primeira Turma, ac. de 04.11.2003).

14. Regime semiaberto

O início do cumprimento da pena no *regime semiaberto* é para: a) o não reincidente punido com pena de reclusão de mais de quatro anos até oito (art. 33, § 2º, "b"); b) o não reincidente punido com pena de detenção superior a quatro anos; c) o reincidente punido com pena de detenção superior a quatro anos. A hipótese (a) é facultativa, pois o juiz pode escolher o regime fechado para início de cumprimento, se assim o determinarem as circunstâncias do art. 59. As hipóteses (b) e (c), prevendo o regime semiaberto para o punido com detenção, são obrigatórias no sentido de que, naqueles casos, não cabe o regime fechado, pois o detento não poderá cumprir a pena no regime fechado, desde o início. Poderá cumprir depois, por necessidade de execução. A solução dada ao caso do reincidente punido com detenção é uma construção, porque a lei não dispõe expressamente, dizendo apenas que o regime fechado se destina ao início do cumprimento da pena de reclusão (vedando, portanto, o ingresso inicial do detento) e impondo, para o ingresso no semiaberto e no aberto, a condição de o condenado não ser reincidente. O detento reincidente ficou sem previsão específica, e é razoável que ele fique nos dois regimes mais favoráveis ante a aparente dificuldade na interpretação da lei.

A quantidade da pena – como será visto logo adiante – é um critério definidor do regime inicial, mas não o único; o magistrado deve também considerar o disposto no art. 59 (circunstâncias judiciais), como determinado pelo § 3º do art. 33. Assim, o STJ impôs o regime semiaberto ao condenado à pena inferior a quatro anos (que, em princípio, deveria iniciar no aberto, art. 33, § 2º, "c"), porque apresentava duas circunstâncias judiciais desfavoráveis (arts. 33, § 2º, "b" e § 3º) (STJ. HC 133.554/RJ, Quinta Turma, ac. de 28.09.2010).

Não se dispensa a fundamentação pela escolha de um ou de outro regime.

15. Regime aberto

O início do cumprimento da pena em *regime aberto* é para: a) o não reincidente punido com pena de reclusão igual ou inferior a quatro anos (art. 33, § 2º, "c"); b) o não reincidente punido com pena de detenção igual ou inferior a quatro anos; c) para o reincidente punido com pena de detenção até quatro anos.

O cumprimento da prisão albergue em regime domiciliar pode ser feito nos termos do art. 117 da Lei de Execução Penal (LEP), no caso de sentenciado maior de setenta anos, do doente, da mãe com filho menor ou da gestante.

16. Regime inicial

Escolha. Incumbe ao juiz da sentença condenatória decidir sobre o regime inicial de cumprimento da pena privativa de liberdade.

Sobre a escolha do regime inicial, convém realçar que o § 2º do art. 33 do CP, ao estabelecer os critérios para o regime inicial, usa, na alínea "a", o verbo "deverá", para impor inicialmente o regime fechado ao condenado à pena superior a oito anos. Já nas alíneas "b" e "c", para os casos de regime semiaberto e aberto, emprega o verbo "poderá". Essa distinção permite o entendimento de que "a norma do art. 33, § 2º, "b", (e, também, a alínea "c", acrescento eu) do CP confere mera faculdade ao julgador" (STF. HC 75.856/SP, Primeira Turma, ac. de 17.03.1998), autorizando o juiz a impor regime inicial mais suave ou mais gravoso do que decorreria da natureza e da quantidade da pena, ou da condição pessoal do condenado.

Assim decidiu a Segunda Turma, HC 78.223/SP: "O regime de cumprimento da pena é fixado com base no disposto no art. 33 do CP. Excetuada a hipótese da alínea "a" do § 2º do referido artigo, cumpre sejam consideradas as circunstâncias judiciais (§ 3º do art. 33 e inc. III do art. 59, ambos do CP)" (STF. HC 78.223/SP, Segunda Turma, ac. de 02.03.1999).

Para decidir sobre o regime inicial:

a) o juiz não pode escolher o regime mais gravoso, fundamentando-se "unicamente na gravidade do delito imputado ao paciente" (STF. HC 75.856/SP, Primeira Turma, ac. de 17.03.1998). Segundo jurisprudência uniforme do STJ, "se o condenado preenche os requisitos para o cumprimento da pena em regime aberto, por exemplo, ser primário, sem antecedentes, demonstrar arrependimento, não cabe imposição de regime mais gravoso com base em fundamentação adstrita à gravidade do delito praticado" (STJ. REsp. 402.505/SP, Quinta Turma, ac. de 06.05.2003);

b) o juiz pode impor regime mais gravoso do que resultaria da quantidade da pena imposta. "Pode o Tribunal fixar regime semiaberto de cumprimento de pena, embora a quantificação da pena aplicada seja compatível com o regime mais benéfico e o réu atenda aos requisitos objetivos e subjetivos para sua obtenção, dado que a norma do art. 33, § 2º, 'b', do CP confere mera faculdade ao órgão julgador. O que não se permite, contudo, é a imposição de regime mais rigoroso fundado unicamente na gravidade do delito imputado ao paciente, sem suficiente justificação. *Habeas corpus* concedido para anular o acórdão no ponto impugnado para que outra decisão seja proferida com indicação fundamentada de regime" (STF. HC 75.856/SP, Primeira Turma, ac. de 17.03.1998).

Uma vez que devem ser ponderadas as circunstâncias do art. 59 – as mesmas que serviram para a fixação da pena-base (STJ. HC 9.830/SP, Quinta Turma, ac. de 21.09.1999; STJ. REsp. 68.136/SP, Quinta Turma, ac. de 26.03.1996) –, julgou-se incompatível com o sistema a fixação do regime inicial fechado (mais gravoso), quando a pena imposta permitia o regime semiaberto, e as circunstâncias judiciais foram tidas como favoráveis ao réu (STJ. HC 10.042/SP, Quinta Turma, ac. de 21.09.1999; STJ. HC 9.559/SP, Sexta Turma, ac. de 17.08.1999: "Fixar a pena-base no mínimo legal e agravar o regime inicial da sanção penal são fundamentos incompatíveis"). Quer dizer, é possível escolher regime inicial mais severo, desde que indicadas circunstâncias judiciais que justificariam essa opção, e tais seriam obviamente desfavoráveis ao condenado, o que também, de ordinário, elevaria a pena acima do mínimo. Logo, se as circunstâncias favorecem o réu, e ele recebe pena-base no mínimo legal, não se admite a imposição de regime mais gravoso do que o decorrente da quantidade da pena imposta.

Não é necessário, porém, para determinar o regime, explicitar a mesma fundamentação sobre as circunstâncias judiciais se já apontadas na fixação da pena-base (STF. HC 68.496/DF, Primeira Turma, ac. de 09.04.1991). Basta referi-la.

O exame das circunstâncias para a definição do regime inicial deve levar em conta o conjunto delas: "A primariedade e os bons antecedentes não são suficientes, por si, para determinarem o regime inicial aberto, quando as circunstâncias judiciais são desfavoráveis ao réu" (STJ. HC 19.918/MG, Quinta Turma, ac. de 17.12.2002).

O STF e o STJ expediram súmulas a esse respeito:

Súmula 718 do STF: "A opinião do julgador sobre a gravidade em abstrato do crime não constitui motivação idônea para a imposição de regime mais severo do que o permitido segundo a pena aplicada".

Súmula 719 do STF: "A imposição do regime de cumprimento mais severo do que a pena aplicada permitir exige motivação idônea".

Súmula 269 do STJ: "É admissível a adoção do regime prisional semiaberto aos reincidentes condenados à pena igual ou inferior a quatro anos se favoráveis as circunstâncias judiciais".

Súmula 440 do STJ: "Fixada a pena-base no mínimo legal, é vedado o estabelecimento de regime prisional mais gravoso do que o cabível em razão da sanção imposta, com base apenas na gravidade abstrata do delito".

17. Condenação em mais de um crime

Quando houver a condenação em mais de um crime, a determinação do regime inicial será feita pelo resultado da soma ou unificação das penas (art. 111 da LEP).

18. Penas restritivas de direitos

As penas restritivas de direitos são autônomas (podem ser *impostas* isolada ou cumulativamente, sem o caráter de acessoriedade que existia no CP de 1940) e são aplicadas em substituição a uma pena privativa de liberdade.

Estão enumeradas no art. 43 do CP: I – prestação pecuniária; II – perda de bens e valores; III – prestação de serviços à comunidade ou a entidades públicas; IV – interdição temporária de direitos; V – limitação de fim de semana.

Assim como a definição da pena e a determinação do regime inicial de cumprimento devem constar da sentença condenatória, assim também é do órgão sentenciante, e não do juízo da execução, a definição da substituição da pena privativa da liberdade por penas restritivas (STF. HC 83.999/RS, Primeira Turma, ac. de 13.04.2004).

A questão da substituição da pena privativa por restritiva deve ser examinada depois de definida a pena privativa da liberdade e antes da suspensão condicional da pena (art. 77).

A escolha da restritiva de direito, dentre as previstas, deve ser fundamentada: "O princípio do livre convencimento exige fundamentação concreta, vinculada, do ato decisório" (STJ. HC 18.281/RS, Quinta Turma, ac. de 27.11.2001; STJ. HC 45.397/MG, Quinta Turma, ac. de 14.08.2007). Assim também a recusa da substituição da pena privativa da liberdade pela restritiva (STJ. HC 13.155/SP, Sexta Turma, ac. de 27.11.2000). Não basta a simples referência ao art. 44 para indeferir a substituição (STF. HC 90.991/RS, Primeira Turma, ac. de 21.06.2007), pois o juiz "precisa examinar as circunstâncias do caso concreto e nelas encontrar os fundamentos da negativa ou da concessão da substituição" (STF. HC 91.803/SC, Primeira Turma, ac. de 19.05.2009).

19. Penas restritivas como pena cominada

Excepcionalmente, as restritivas aparecem na legislação esparsa como pena cominada:

– arts. 302 e 303 do Código de Trânsito, que preveem, cumulativamente, além da pena privativa de liberdade, a suspensão ou proibição de permissão ou habilitação para dirigir veículo automotor;

– na legislação eleitoral, a pena restritiva está indicada como pena alternativa na própria norma incriminadora, de sorte que só pode haver substituição pela pena substitutiva ali prevista, mas independentemente do preenchimento dos requisitos de ordem subjetiva enumerados no art. 44 do CP, pois a substituição já está autorizada na lei, embora sua concessão não seja obrigatória (ex.: arts. 34, § 2º, 39, § 5º, e art. 40 da Lei 9.504, de 30.09.1997, que cominam pena de detenção, com a alternativa de prestação de serviços à comunidade, mais a multa).

20. Restritivas são as previstas na lei

Causa ofensa ao princípio da reserva legal a criação judicial de novas hipóteses (frequentar cursos, submeter-se a tratamentos, assistir a cultos, o que também fere o princípio de liberdade religiosa etc.). Convém lembrar que foram vetados os dispositivos do projeto da Lei 9.714/1998, que previam como penas o recolhimento domiciliar e a admoestação. O eg. STF julgou indevida a exigência judicial de doação de sangue (STF. HC 68.309/DF, Primeira Turma, ac. de 27.11.1990).

21. Substituição da pena privativa da liberdade por restritivas de direito. Exame da substituição

Presentes os pressupostos dos incisos I e II do art. 44 do CP, o réu tem o direito de ver examinada a possibilidade da substituição da pena privativa de liberdade por uma restritiva de direitos (STF. HC 66.759/MG, Segunda Turma, ac. de 28.03.1998), até mesmo de ofício (STJ. HC 15.448/GO, Quinta Turma, ac. de 03.04.2001; STF. HC 72.842/MG, Segunda Turma, ac. de 18.12.1995: "Estabelecida pena privativa de liberdade inferior a um ano ou sendo o crime culposo, incumbe ao juízo o exame, de ofício, dos demais pressupostos autorizadores da substituição pela restritiva de direitos – art. 44 do CP"). Se o juiz, na sentença, reconheceu esses fatores e, ainda, os do inciso III, é obrigatória a substituição (STJ. REsp. 67.570/SC, Sexta Turma, ac. de 25.06.1996). "Ao condenar o paciente à pena inferior a quatro anos de reclusão, deveria o Tribunal *a quo* ter-se pronunciado, até mesmo de ofício, acerca da possibilidade de substituição da pena. Verificando-se, todavia, o trânsito em julgado da decisão, competente para apreciar eventual substituição de pena é o juízo da execução. Súmula 611/STF" (STJ. HC 12.089/RJ, Quinta Turma, ac. de 18.12.2000).

Já para o procedimento inverso, conversão da pena restritiva de direito em privativa da liberdade por descumprimento de transação prevista no art. 76 da Lei 9.099/1995 (Lei dos Juizados Especiais), exige-se obediência ao devido processo legal: "Condenação à pena restritiva de direito como resultado da transação prevista no art. 76 da Lei 9.099/1995. Conversão em pena privativa de liberdade. Descabimento. A conversão da pena restritiva de direito (art. 43 do CP) em privativa da liberdade, sem o devido processo legal e sem defesa, caracteriza situação não permitida em nosso ordenamento constitucional, que assegura a qualquer cidadão a defesa em juízo, ou de não ser privado da vida, liberdade ou propriedade, sem a garantia da tramitação de um processo, segundo a forma estabelecida em lei". (STF. RE 268.319/PR, Primeira Turma, ac. de 13.06.2000).

22. Substituição. Momento da substituição.

A substituição acontecerá após definidas as penas cominadas ao crime. As penas restritivas "possuem caráter substitutivo, não podendo coexistir com a pena privativa de liberdade, nem aplicadas diretamente, sem antes ser fixada a pena privativa de liberdade" (STF. HC 70.355/MG, Segunda Turma, ac. de 29.06.1993; no mesmo sentido: STF. HC 74.178/PB, Primeira Turma, ac. de 04.03.1997).

A pena privativa de liberdade pode ser substituída por multa (art. 60, § 2º) ou por restritiva de direitos. Se a condenação for igual ou inferior a um ano, a substituição será por multa ou por uma restritiva de direitos; se superior a um ano, a substituição da pena privativa de liberdade será por duas penas alternativas: uma restritiva de direitos e mais a multa, ou duas restritivas de direitos (art. 44, § 2º).

A opção pela restritiva de direito, em detrimento da substituição por multa, poderá ser mais gravosa ao condenado, pois poderá resultar em conversão em pena privativa de liberdade (art. 44, § 4º). Daí a necessidade de fundamentação da escolha judicial (STF. HC 83.092/RJ, Segunda Turma, ac. de 24.06.2003).

Substituída a pena privativa da liberdade por restritiva de direitos, incabível a suspensão condicional da pena (art. 77, III). (STJ. EDcl. no HC 105.956/SP, Quinta Turma, ac. de 22.03.2011).

23. Substituição. Requisitos (art. 44)

São requisitos para a substituição: I – no crime doloso, condenação à pena privativa de liberdade não superior a quatro anos (reclusão ou detenção); no crime culposo, não há limite de pena; II – crime praticado sem violência ou grave ameaça à pessoa; III – não reincidência em crime doloso; IV – a culpabilidade, os antecedentes, a conduta social, a personalidade do condenado, os motivos e as circunstâncias do crime indicarem que a substituição é suficiente.

A Lei 9.714, de 25 de novembro de 1998, que elevou para quatro anos o limite da pena aplicada substituível, revogou a parte final do disposto no art. 54 do CP (que se referia à pena inferior a um ano) e permitiu a substituição na maioria das condenações em crimes patrimoniais e na quase totalidade dos previstos na legislação esparsa sobre delitos econômicos.

A substituição da pena privativa da liberdade por restritiva de direitos deve atender às exigências do art. 44 da Lei 9.714/1998, que são cumulativas. (STF. HC 80.354/RJ, Segunda Turma, ac. de 19.09.2000).

24. Substituição. Concurso de crimes. Crime continuado

Nos casos de concurso formal de crimes e de crime continuado, para decidir sobre a substituição, o juiz levará em conta a pena final, que é a única pena aplicada.

No *concurso material*, se um dos crimes determinou a imposição da pena privativa de liberdade acima do limite, para este não será deferida a substituição, mas para os outros, que atenderem aos requisitos, será possível a substituição. Isso porque, a teor do art. 44, § 5º, do CP, a superveniência da condenação do réu que deverá cumprir pena de prisão não é causa obrigatória da conversão da pena restritiva já concedida "se for possível ao condenado cumprir a pena substitutiva anterior". Quer dizer, o condenado pode cumprir pena privativa de liberdade e pena substitutiva; como isso é permitido ao que já foi condenado por crime anterior, e irá cumprir, com simultaneidade, as penas de natureza diversa aplicadas nas duas sentenças, nada justifica se lhe dispense tratamento diferente na sentença condenatória no julgamento de crimes diversos em concurso material. Portanto a regra do § 1º do art. 69 está revogada pela Lei 9.714/1998, que inseriu o § 5º no art. 44.

25. Substituição. Violência ou grave ameaça

Essas situações são hoje os verdadeiros obstáculos à substituição, uma vez que o limite de pena permite grande abrangência; na prática, os crimes violentos é que levarão seus autores ao cumprimento da pena privativa de liberdade se não lhes for concedido o *sursis*, permitido para esses casos (art. 77 do CP).

A violência de que trata o inciso I do art. 44 do CP é a real, não a presumida (STJ. RHC 9.135/MG, Sexta Turma, ac. de 06.04.2000). Quanto à gravidade da violência, há divergência. Em julgado da Quinta Turma do STJ, decidiu-se que bastam as vias de fato, ainda que não se produzam lesões corporais (STJ. HC 89.709/RJ, Quinta Turma, ac. de 26.02.2008). Na Sexta Turma, a decisão foi no sentido de que a violência e grave ameaça do inc. I do art. 44 são apenas as resultantes de atos mais graves do que os decorrentes dos tipos dos arts. 129 e 147. A lesão leve e a ameaça admitem a substituição (STJ. HC 87.644/RS, Sexta Turma, ac. de 04.12.2007). Parece que o impedimento resultante da lesão ou da ameaça deve ser examinado sob o mesmo critério indicado para a reincidência: a substituição poderá acontecer desde que "a medida seja socialmente recomendável" (§ 3º do art. 44).

Para o cálculo da pena, o STJ tem decidido ser inaplicável, no crime de roubo com arma de brinquedo, a causa de aumento do art. 157, § 2º, I, do CP. Por isso, cancelou a Súmula 174 do STJ, que rezava: "No crime de roubo, a intimidação feita com arma de brinquedo autoriza o aumento de pena" (STJ. REsp. 332.780/SP, Quinta Turma, ac. de 20.02.2003; STJ. REsp. 442.075/RS, Quinta Turma, ac. de 22.04.2003).

Isso quanto ao cálculo da pena; contudo, para resolver a questão da substituição, a grave ameaça à pessoa (que estaria presente) exclui o direito à substituição da pena privativa da liberdade por restritiva de direito (STJ. HC 17.459/SP, Sexta Turma, ac. de 11.12.2001).

A violência não impede a substituição quando se trata de crime culposo, em que a agressão à pessoa é o resultado da desatenção à regra de cuidado exigida para a situação, e não da intenção de ferir. Também há de se admitir a substituição da pena na condenação por crimes violentos da competência dos Juizados Especiais Criminais (Lei 9.099/1995), definidos como de menor potencial ofensivo e aos quais é destinado tratamento especial.

26. Substituição. Reincidência

A *reincidência* em crime doloso significa que os dois delitos considerados são dolosos, e apenas nesse caso haverá o impedimento legal. Se um dos crimes for culposo, a vedação não existe, e a substituição pode ser efetuada.

Mesmo sendo o condenado reincidente em crime doloso, o juiz poderá efetuar a substituição, desde que *socialmente recomendável*, e a reincidência não decorra da *"prática do mesmo crime"* (art. 44, § 3º).

A regra flexibiliza o efeito da reincidência, no que fez bem, pois a reincidência não se esgota em dado meramente cronológico: "impõe-se examinar se a repetição do agente evidencia tendência genérica ou específica para a criminalidade, aferindo-se, assim, a personalidade do autor" (STJ. REsp. 149.936/SP, Sexta Turma, ac. de 26.05.1998). Ao referir-se à prática do mesmo crime, o legislador empregou terminologia imprópria para dizer, na verdade, que não se admitirá a substituição quando houver reincidência *específica*, a qual consiste na prática de novo crime da mesma natureza depois do trânsito em julgado de sentença condenatória pelo crime anterior. Entende-se que são da mesma natureza os crimes previstos no mesmo dispositivo penal, ou em diversos dispositivos, desde que apresentem, pelos fatos que os constituem ou por seus motivos determinantes, caracteres fundamentais comuns, como estava definido no art. 46, § 1º, do CP, com a redação de 1940 e em vigor até o advento da Lei 6.416/1977.

O § 3º do art. 44 do CP aduz que a *reincidência genérica* não é óbice, por si só, para a concessão do benefício da substituição da pena privativa da liberdade por restritiva de direitos (STJ. HC 17.898/SE, Quinta Turma, ac. de 06.11.2001; STJ. REsp. 236.703/PR, Sexta Turma, ac. de 15.04.2003).

Para a concessão do benefício ao reincidente, duas são as condições:

> a) que a medida seja socialmente adequada. Para aferir se a substituição é "socialmente recomendável", como pressupõe o § 3º, o juiz considerará as circunstâncias em que ambos os crimes foram praticados, o que está sendo

julgado e o precedente. O STJ considerou inadequada a substituição, porque o crime anterior era uma tentativa de roubo qualificado (STJ. HC 42.933/SP, Sexta Turma, ac. de 14.03.2006); em outra ocasião, considerou indevida a negativa da substituição apenas pelo fato de o paciente responder a outros processos (STJ. HC 102.270/RJ, Quinta Turma, ac. de 24.06.2008).

b) não esteja caracterizada a reincidência específica. "Sendo o condenado reincidente específico, pela prática de crime doloso, não faz jus à substituição de pena privativa de liberdade pela restritiva de direitos". (STJ. HC 25.887/RJ, Quinta Turma, ac. de 27.05.2003; STJ. HC 112.094/SP, Quinta Turma, ac. de 19.03.2009).

27. Substituição. Condenação anterior em multa

Também há de se reconhecer que a regra do art. 77, § 1º, que permite o *sursis* apesar da anterior condenação à pena de multa, é aplicável à substituição da pena, pois o *sursis*, para os efeitos da lei, é teoricamente mais grave do que a substituição; se, para o *sursis*, a condenação anterior à multa é irrelevante, também deverá sê-lo para a substituição.

28. Substituição. Reincidência específica

A reincidência, portanto, só é causa impeditiva da substituição se for específica, e em crime doloso, com anterior condenação à pena privativa de liberdade. Por fim, lembre-se que, para o efeito da reincidência, não prevalece a condenação anterior se, entre a data do cumprimento ou extinção da pena e a infração posterior, tiver decorrido período de tempo maior que cinco anos, computado o período de prova da suspensão condicional ou do livramento condicional, se não ocorrer a revogação; não se consideram os crimes políticos e os militares próprios (art. 64 do CP).

29. Substituição. Ponderação dos requisitos

Os *requisitos do inciso III* do art. 44, porque são também fatores para o cálculo da pena-base (art. 59), serão examinados quando dela se tratar.

Registre-se, porém, como recomenda o Prof. Marco Aurélio Costa Moreira de Oliveira, que tais elementos devem ser aqui examinados à luz da finalidade a que se destina esta decisão, simplesmente para a substituição da pena, de tal modo que o valor de cada um deles será ponderado para a fixação não da quantia da pena, mas do modo de sua execução. Por isso, como se trata de um juízo que se projeta sobre o comportamento futuro, as circunstâncias poderão ter diversa ponderação, quando reforçam ou não a expectativa de que o condenado não voltará a delinquir. Devem ser apreciadas no seu conjunto, e, embora haja uma ou outra indicação desfavorável, caberá ao juiz avaliar a suficiência da medida substitutiva.

Não foram referidas no inc. III do art. 44, entre os pressupostos para a substituição, as circunstâncias judiciais sobre as consequências do crime e o comportamento da vítima. Como não deixam de ser circunstâncias do crime, podem, a esse título, ser consideradas. "Entre as circunstâncias a considerar para tal fim, além das expressamente previstas no inciso III, é lícito incluir o vulto do dano causado e não reparado" (STF. HC 85.603/RJ, Primeira Turma, ac. de 21.06.2005).

30. Penas restritivas em espécie. Prestação pecuniária (art. 45, § 1º)

Consiste no pagamento em dinheiro à vítima, a seus dependentes ou a entidade pública ou privada com destinação social, de importância fixada pelo juiz, não inferior a um salário mínimo nem superior a 360 salários mínimos.

Como tem natureza reparatória, o valor pago será deduzido do montante de eventual condenação em ação de reparação civil, se coincidentes os beneficiários (art. 45, § 1º).

Distingue-se da pena de multa (multa penitenciária) prevista no art. 49 do CP (adiante, n°s 42 a 50). A pena de multa tem caráter retributivo, não se destina a reparar o dano resultante do delito e é recolhida à Fazenda Pública. "A pena restritiva de direito de prestação pecuniária tem natureza jurídica diversa da pena de multa. Esta, se não cumprida, transforma-se em dívida de valor, enquanto aquela, se não atendida, dá lugar à execução da originária pena privativa de liberdade, conforme previsão do art. 44, § 4º do CP" (STJ. HC 22.668/MG, Sexta Turma, ac. de 22.04.2003; STJ. AgRg. no Ag. 416.484/RS, Quinta Turma, ac. de 03.12.2002; STJ. HC 24.442/DF, Quinta Turma, ac. de 10.12.2002). Isso porque "o princípio constitucional que proíbe a prisão por dívidas incide sobre as penas de multa previstas no próprio tipo penal, a teor do que dispõe a Lei 9.268/1996, contudo não compreende a pena pecuniária advinda em substituição da prisão" (STJ. HC 22.568/MG, Quinta Turma, ac. de 20.02.2003).

Também não se confunde com a multa reparatória do art. 297 do Código de Trânsito, que, embora tenha o mesmo caráter indenizatório e seja prestação paga em favor da vítima ou seus sucessores, tem como pressuposto a existência de prejuízo material resultante do delito, a cujo valor está limitada.

Aos juízes cabe evitar transformar a prestação pecuniária em principal resposta penal ao crime, como adverte o Prof. Miguel Reale Júnior. Esse cuidado deve estar presente especialmente quando a pena privativa de liberdade for alta, pois é impróprio escolher a multa em detrimento de outras alternativas mais eficazes do ponto de vista da repressão penal, como a de prestação de serviços à comunidade. Se houver dano a reparar, a prestação pecuniária será apenas a antecipação da indenização civil, isto é, inócua, porque a obrigação civil de reparar já existe. Também ineficaz, porque não será paga pelo desprovido de recursos, categoria a que pertence a maioria dos réus em processos criminais, e não será sentida pelo abonado, pois o seu valor máximo é relativamente baixo, muito aquém do que pode ser imposto a título de multa.

A sua imposição pode ser feita cumulativamente com a multa penitenciária. No descumprimento, uma será objeto de execução fiscal (multa, art. 51); a outra (restritiva) ensejará a conversão em pena privativa (art. 44, § 4º; STF. HC 79.865/RS, Segunda Turma, ac. de 14.03.2000).

31. Prestação pecuniária. Valor

A estipulação do valor atenderá ao prejuízo causado à vítima e poderá ser parcelado na execução (STJ. HC 17.583/MS, Quinta Turma, ac. de 18.10.2001). Se possível o parcelamento na execução, pode desde logo constar da sentença condenatória. "O Poder Judiciário não pode ser destinatário da pena de prestação pecuniária prevista no art. 45, § 1º do CP" (STJ. HC 17.142/PE, Sexta Turma, ac. de 20.11.2001).

O valor da prestação pecuniária deve ser calculado de acordo com o salário mínimo vigente à época do pagamento. "O disposto no art. 49, § 1º, destina-se, tão somente, à pena de multa" (STJ. REsp. 896.171/SC, Quinta Turma, ac. de 17.04.2007).

A falta de pagamento da multa autoriza apenas a execução do crédito pela Fazenda Pública; mas o descumprimento da pena restritiva de prestação pecuniária permite a conversão em privativa da liberdade (art. 44, § 4º; STJ. RHC 15.603/RS, Quinta Turma, ac. de 06.05.2004). Para o cálculo da pena convertida, há de ser considerada, proporcionalmente, a quantia já paga.

32. Prestação pecuniária que não seja em dinheiro

O § 2º do art. 45 permite a *prestação pecuniária que não seja em dinheiro*, mas em prestação de outra natureza, se houver aceitação do beneficiário. Como o juiz não pode dar uma sentença condicional, sujeita à vontade da vítima ou de seus dependentes, convém que a aquiescência esteja nos autos, quando no julgamento, por iniciativa das partes ou provocada de ofício. De qualquer forma, se depois da sentença não houver a aceitação do beneficiário, caberá ao juiz da execução decidir sobre a substituição. A prestação substitutiva não será em moeda, mas sempre terá natureza patrimonial, como a entrega de cestas básicas, material de construção, etc. A disposição alternativa do § 2º do art. 45 tem sido criticada pela doutrina, que a considera inconstitucional. Esse defeito, porém, não é evidente, pois o art. 5º, XLVI, da Constituição, permite a pena de "prestação social alternativa", e nesse conceito por certo se incluem as prestações de natureza econômica acima referidas. Ademais, em um país onde a fome é uma realidade, a distribuição de alimento pelos autores de delito não chega a ser um fato desarrazoado.

33. Perda de bens (art. 45, § 3º)

A *perda de bens* (móveis ou imóveis) ou *valores* (depósitos, títulos, ações, etc.) pertencentes aos condenados dar-se-á em favor do Fundo Penitenciário Nacional, no limite do prejuízo causado ou do proveito obtido pelo agente ou por terceiro, em consequência da prática do crime.

Essa novidade introduzida pela lei de 1998 não elimina o disposto no art. 91 do CP, que prevê, como efeito da condenação, a perda, em favor da União – ressalvado o direito do lesado ou de terceiro de boa-fé – dos instrumentos do crime (objetos que serviram à prática da ação), do produto do crime (coisas obtidas diretamente com a prática do fato) ou do seu proveito (coisas adquiridas com o produto do crime). A medida aplicada como efeito da condenação incide *sobre* o produto ou o proveito, ao passo que a pena restritiva do art. 43, II, definida no art. 45, § 3º, considera o proveito apenas como *limite de pena*, pois a sanção recairá sobre outros bens do condenado, não necessariamente produto ou proveito do delito. É aplicável a pena restritiva no caso de impossibilidade de aplicação da regra do art. 91 do CP, pois, se os bens que existem são produto ou proveito do crime, a perda já é efeito da condenação, cumprindo aplicar, em substituição à prisão, outra pena restritiva.

Entre os bens e valores pertencentes ao condenado, incluem-se os direitos dele sobre bens de outros, adquiridos mediante contrato (ex: promessa de compra e venda). A alternativa entre o montante do prejuízo ou do proveito se explica porque pode haver prejuízo sem proveito, como no caso da imediata destruição da coisa apropriada, ou proveito sem prejuízo, como na hipótese do numerário a final devolvido, que esteve empregado com êxito no jogo da Bolsa.

34. Prestação de serviços

A prestação de serviços à comunidade ou a entidades públicas é a pena restritiva que melhor atinge as finalidades da substituição: afasta o condenado da prisão e exige dele um esforço a favor de entidade que atua em benefício do interesse público, tornando-o partícipe e colaborador de seus programas e objetivos; tem eficácia preventiva geral, pois evidencia publicamente o cumprimento da pena, reduzindo a sensação de impunidade, e é executada de forma digna, de modo socialmente útil e sem maior despesa para o Estado; tem eficácia especial, pois apresenta um dos menores índices de reincidência, conforme evidenciam os relatórios das varas de execução onde instalados a contento os serviços para controle dessa pena. A dificuldade está em que a escolha dessa alternativa depende de um mínimo de organização dos serviços da vara de execuções penais, que deve contar com (1) levantamento prévio das entidades nas quais possam ser prestados os serviços e assinatura de convênio sobre os procedimentos e as responsabilidades; (2) serviço estruturado na vara, para manter esse relacionamento com as entidades, organizar a lista de postos de serviços, natureza e localização, receber os condenados e encaminhá-los aos locais adequados; (3) fiscalização do cumprimento da pena. Isso é muito pouco, do ponto de vista administrativo, e depende de parcos recursos, mas parece que tem sido demasiado para o Judiciário, tanto que em apenas poucas comarcas do país foi implantada tal estrutura. Porém, onde instalada de modo adequado e suficiente, como ocorreu na Vara de Execuções de Porto Alegre, a partir de 1988, os resultados são animadores. É da responsabilidade dos juízes, adverte Reale Júnior, impedir que essa solução alternativa, a melhor delas, seja absorvida pelo comodismo da prestação pecuniária.

35. Prestação de serviços. Requisitos (art. 46)

A pena alternativa de *prestação de serviços* é permitida em condenações *superiores* a seis meses de privação da liberdade (art. 46), no limite máximo de quatro anos (art. 44, I), e consiste no desempenho de tarefas gratuitas em entidades assistenciais, hospitais, escolas, orfanatos e estabelecimentos congêneres, atribuídas de acordo com as aptidões do condenado e cumpridas à razão de uma hora de tarefa por dia de condenação, fixadas de modo a não prejudicar a jornada normal de trabalho (art. 46 e seus parágrafos). A prestação, como de resto todas as penas restritivas que possam ser medidas pelo tempo, terá a mesma duração da pena privativa de liberdade (art. 55), mas a superior a um ano poderá ser cumprida em menor tempo, nunca inferior à metade da pena privativa de liberdade (art. 46, § 4º). Essa exceção cria desigualdade entre o condenado a treze meses, que gozará do benefício de encurtar o tempo da pena substitutiva, o que não é permitido a quem foi condenado a um ano. Por isso, voltará a ocorrer na prática o que acontecia no regime originalmente implantado pelo Código Penal de 1940, quando o livramento condicional tinha como requisito pena superior a dois anos: os tribunais, quando aplicavam pena de dois anos, fixavam-na em dois anos e um dia. Para o efeito da substituição, esta será a solução a fim de obviar a desigualdade criada pela lei atual: fixar a pena privativa de um ano em mais um dia. O art. 46, § 4º, define a possibilidade de redução do tempo como uma faculdade do condenado, o que há de se entender como um direito de requerer ao juiz a redução do prazo, a ser deferida, caso não prejudique o objetivo da sanção, mas que não pode ser imposta, porque exigirá maior prestação diária.

O início do cumprimento da pena de prestação de serviço é considerado o dia do efetivo comparecimento do apenado à instituição designada (STJ. HC 130.014/SP, Sexta Turma, ac. de 21.05.2009).

A pena privativa da liberdade inferior a seis meses não pode ser substituída pela restritiva de prestação de serviços à comunidade (art. 46, *caput*), apenas por alguma outra compatível (STF. HC 85.612/RJ, Primeira Turma, ac. de 24.05.2005), como a de prestação pecuniária ou de bem de outra natureza (art. 45, §§ 1º e 2º).

36. Interdição (art. 47)

As penas de *interdição temporária de direitos* são: (I) proibição de exercício de cargo, função ou atividade pública, bem como de mandato eletivo; (II) proibição do exercício de profissão, atividade ou ofício que dependa de habilitação especial, de licença ou autorização do poder público; (III) suspensão de autorização ou de habilitação para dirigir veículo; e (IV) proibição de frequentar determinados lugares (art. 47).

O art. 15, III, da Constituição da República, dispõe sobre a suspensão de direitos políticos nos casos de "condenação criminal transitada em julgado, enquanto durarem seus efeitos".

37. Interdição. Direção de veículo. Trânsito

As penas dos incisos I e II do art. 47 são destinadas aos autores de crimes cometidos no exercício de profissão, atividade, ofício, cargo ou função, sempre que houver violação dos deveres que lhes são inerentes (art. 56).

A regra do inciso III do art. 47 do CP, sobre a suspensão de autorização ou de habilitação para dirigir veículo, não se confunde com o efeito da condenação previsto no art. 92, III, do CP, consistente na inabilitação para dirigir, sanção imposta a quem se utilizou do veículo para a prática de crime doloso.

A disposição sobre essa pena restritiva deve ser interpretada hoje em harmonia com o disposto no Código de Trânsito Brasileiro (Lei 9.503, de 23.09.1997), que é especial quanto aos crimes dessa natureza. Nos termos desse código, a suspensão da *habilitação* para dirigir veículo pode ser imposta como penalidade principal, isolada ou cumulativa com outras penalidades (art. 292 do CTB), com duração de dois meses a cinco anos (art. 293), pelo que não cabe aplicar a suspensão da habilitação para dirigir, prevista no art. 47, III, do CP, como substitutiva da pena por crime cometido no trânsito.

O CTB ainda prevê como pena principal, genericamente prevista no art. 292, ou na própria norma incriminadora (arts. 302, 303, 306, 307, 308), a suspensão (para quem já a obteve) ou a proibição de vir a obter a permissão ou a habilitação para dirigir veículo automotor. A permissão é concedida a candidato aprovado em curso e tem validade por um ano, ao término do qual será concedida a habilitação para dirigir, se o candidato não tiver cometido infração grave ou gravíssima e não for reincidente em infração média (art. 148, §§ 2º e 3º, do CTB). O Código Penal não se refere à pena de proibição, nem ao ato de permissão para dirigir, razão pela qual também não se aplica a essas situações.

A suspensão de *autorização* para dirigir veículo não está prevista no Código de Trânsito, daí que persiste a regra do CP, aplicável a quem conduz ciclomotor e veículos de propulsão humana e de tração animal (art. 141 do CTB).

As penas privativas de liberdade em delitos de trânsito podem ser substituídas por restritivas de direitos, desde que não seja a de interdição para dirigir veículos, cominada no CTB como pena principal.

O tempo de suspensão ou proibição para obtenção de habilitação ou permissão para dirigir veículo automotor deve ser proporcional à gravidade do crime de trânsito, "observadas as circunstâncias judiciais, atenuantes e agravantes, nos limites fixados no art. 293 do CTB, além de eventuais causas de aumento ou diminuição. Ordem concedida para redução do prazo a um ano e quatro meses" (STJ. HC 112.536/MS, Quinta Turma, ac. de 19.02.2009).

Nos termos do art. 160 do CTB, o condutor condenado por delito de trânsito deverá ser submetido a novos exames para que possa voltar a dirigir, o que lhe pode ser exigido ainda antes da sentença (§ 1º).

38. Interdição. Cargo público

Se o crime tiver sido praticado com violação a dever inerente a cargo, função ou atividade pública, a mandato eletivo, a profissão, a atividade ou ofício que dependam de licença ou autorização do poder público, seja ele um fato doloso ou culposo, a substituição dar-se-á por interdição temporária de direitos (art. 47, I e II; art. 56). Sendo a pena igual ou inferior a um ano, na alternativa entre multa e restritiva de direitos, o juiz deve optar por uma das restritivas previstas no art. 47, incisos I e II; se superior a um ano, uma das restritivas será a interdição de direitos ali mencionada.

39. Proibição de frequentar lugares

A *proibição de frequentar determinados lugares* (art. 47, IV), também prevista como uma das condições do *sursis* (art. 78, § 2º, "a", do CP), passou a ser pena restritiva, como uma interdição temporária de direitos. Deve ser aplicada, quando o lugar foi uma das causas determinantes do delito.

40. Limitação de fim de semana

A *limitação de fim de semana* (art. 48) consiste na obrigação de permanecer, aos sábados e domingos, por cinco horas diárias, em casa de albergado ou outro estabelecimento adequado. Durante a permanência do condenado, poderão ser ministrados cursos, palestras ou atribuídas atividades educativas. Como são escassas as casas de albergados, e os nossos presídios, somente por exagerado eufemismo, podem ser considerados "estabelecimentos adequados" para a convivência humana, essa espécie de pena alternativa não tem sido aplicada e, quando o foi, o cumprimento revelou-se necessariamente insatisfatório, desconhecendo-se a existência de algum curso que tenha sido ministrado aos condenados nesse regime. Daí que se trata de uma alternativa que não deve ser usada e, se o for, é recomendada sua substituição por outra, assim como foi decidido no HC 53.334/RJ (STJ. HC 53.334/RJ, Sexta Turma, ac. de 07.05.2009).

41. Leis esparsas sobre penas restritivas

As disposições do Código Penal sobre substituição de pena privativa de liberdade pelas restritivas de direitos nele previstas são aplicáveis às condenações impostas com base em *leis esparsas,* se nestas não houver disposição em sentido diverso:

a) Assim acontece com o *Código de Trânsito Brasileiro,* no que for compatível com as normas do Código Penal, como visto acima, n. 37.

b) A Súmula 171 do STJ tem o seguinte enunciado: "Cominadas cumulativamente, em lei especial, penas privativa da liberdade e pecuniária, é defeso a substituição da prisão por multa". Por isso, decidiu-se contrariamente à substituição da pena privativa de liberdade pela de multa em crime contra a *economia popular* (STJ. REsp. 9.157/SP, Sexta Turma, ac. de 14.05.1991) e no crime de porte de substância entorpecente (art. 16 da Lei 6.368/1976. STJ. HC 9.862/SP, Sexta Turma, ac. de 07.10.1999). "Assentada a jurisprudência desta Corte e do col. STF no sentido de ser inviável a substituição da pena detentiva pela *multa,* na hipótese de condenação no art. 16 da Lei 6.368/1976, pois isso resultaria na aplicação cumulativa de uma só espécie de pena, enquanto a lei especial comina duas espécies.

Súmula 171 do STJ. Possibilidade, todavia, da substituição da pena de detenção por uma *restritiva de direitos*" (STJ. HC 13.414/SP, Quinta Turma, ac. de 03.05.2001; no mesmo sentido: STJ. REsp. 71.267/SP, Sexta Turma, ac. de 24.06.1999).

c) A Lei 8.072/1990, sobre os *crimes hediondos*, embora não exclua, expressamente, a possibilidade da substituição da pena privativa de liberdade por uma restritiva de direitos, impõe o regime fechado para o início do cumprimento daquela (art. 2º, § 1º), o que só por si seria motivo para indeferir a substituição. Ao tempo em que a lei previa o cumprimento integral da pena em regime fechado, a orientação do STJ considerava incompatível a substituição (STJ. HC 9.271/RJ, Quinta Turma, ac. de 05.08.1999: "À luz do princípio da especialidade (art. 12 do CP), as alterações introduzidas no CP pela lei das penas alternativas (Lei 9.714/1998) não alcançam o crime de tráfico de entorpecentes, e de resto todos os considerados hediondos, uma vez que a Lei 8.072/1990 – de cunho especial – impõe expressamente o cumprimento da pena em regime integralmente fechado"; no mesmo sentido: STJ. REsp. 486.042/MG, Quinta Turma, ac. de 06.05.2003; STJ. REsp. 401.596/RJ, Quinta Turma, ac. de 13.05.2003; STJ. RHC 9.062/MG, Quinta Turma, ac. de 05.10.1999; STJ. RHC 9.061/MG, Quinta Turma, ac. de 07.10.1999; STJ. HC 10.169/RJ, Quinta Turma, ac. de 09.11.1999). Ainda naquele tempo, havia decisões em sentido contrário (STJ. HC 8.753/RJ, Sexta Turma, ac. de 15.04.1999: "O crime hediondo não é óbice à substituição").

O certo é que os crimes hediondos, quando praticados com violência, ficam desde logo excluídos e são eles a maioria; a questão se põe em se tratando de crime sem violência, com pena de até quatro anos, como acontece no crime de tráfico de entorpecentes. Para estes, em princípio, faltará atender aos fatores enumerados no inc. III do art. 44. Porém, em caso excepcional, quando for o único recurso para a realização da justiça, e sem que tal solução se transforme em mais uma via de impunidade desse grave delito, se plenamente atendidas as exigências do inc. III, parece possível a substituição por restritiva de direitos apenas em favor do agente que se situa na zona cinzenta entre o uso e o tráfico. O Min. Assis Toledo, autor da reforma penal de 1984, votou vencido no REsp. 54.588/SC e deferiu a substituição por multa, defendendo o mesmo ponto de vista em artigo doutrina. Mas esse era o pensamento minoritário. (STJ. REsp. 54.588/SC, Quinta Turma, ac. de 23.11.1994).

Hoje, com a modificação da regra sobre o regime (de integralmente fechado para inicialmente fechado, Lei 11.464/2007), e com a declaração da inconstitucionalidade da expressão que vedava a substituição (infra, alínea "d"), é de se admitir a medida favorável ao condenado por crime hediondo, desde que atendidos os demais pressupostos, nos termos acima expostos.

d) A Lei 11.343/2006, sobre drogas, vedava a conversão das penas previstas nos seus arts. 33, *caput* e § 1º, 34 e 37 em penas restritivas de direitos (art. 44, *caput*, última parte; art. 33, § 4º). O STF, porém, no HC 97.256/RS, Tribunal Pleno, ac. de 01.09.2010, declarou a inconstitucionalidade da expressão "vedada a conversão em penas restritivas de direitos".

Assim, a substituição é possível, mas não é de ser deferida se "a quantidade da droga apreendida não recomenda o benefício" (1,9 kg de maconha) (STJ. HC 144.476/MG, Sexta Turma, ac. de 09.11.2010).

e) A Lei 9.504, de 30 de setembro de 1997, que estabelece normas para as *eleições*, permite, como única alternativa para a pena de detenção, a prestação de serviços à comunidade para os crimes dos arts. 34, § 2º, 39, § 5º, 40, 87, § 4º, e 91, parágrafo único.

f) A Lei 9.099/1995, sobre os *Juizados Especiais Criminais Estaduais*, art. 76, autoriza a imediata aplicação da pena restritiva de direitos como pena principal, não como substitutiva, de tal modo que o juiz pode fixar desde logo a restritiva especificada na proposta do MP, sem necessidade de prévia aplicação da pena privativa de liberdade.

Trata-se de medida mais benéfica ao acusado do que a suspensão condicional do processo (art. 89), uma vez que na transação não há sequer a propositura de ação penal (STJ. HC 82.258/RJ, Quinta Turma, ac. de 01.06.2010).

Essa aplicação da pena restritiva tem os pressupostos do § 2º do art. 76 da Lei 9.099/1995, e não os do Código Penal. Se houver a falta do pagamento da multa, esta será executada; se o descumprimento for da restritiva, é inadequada a conversão, pois, para a pena privativa de liberdade, não houve o devido processo, oportunizando-se o oferecimento de denúncia. Embora tenha havido a sentença, não houve ainda a extinção da punibilidade. Para a Segunda Turma do Supremo Tribunal Federal, a *conversão da pena restritiva de direitos em privativa de liberdade*, em virtude do descumprimento da transação penal, ofende o princípio do devido processo legal (Lei 9.099/1995, art. 76). Com base nesse entendimento, e salientando a natureza não condenatória da sentença que homologa a transação penal, a Segunda Turma deferiu *habeas corpus* impetrado pelo Ministério Público para reformar o acórdão do STJ que permitira a conversão. O entendimento é o de que, uma vez descumprido o termo de transação, impõe-se a declaração de insubsistência deste, o feito retorna ao estado anterior e é dada oportunidade ao Ministério Público para requerer a instauração de inquérito ou propor a ação penal, ofertando denúncia. (STF. HC 79.572/GO, Segunda Turma, ac. de 29.02.2000). Há diversos julgados repetindo a tese: "Transação penal. Inviabilidade de sua conversão em pena privativa da liberdade" (STF. RE 268.320/PR, Primeira Turma, ac. de 15.08.2000). "Transação penal descumprida. Conversão de pena restritiva de direitos em privativa de liberdade. Ofensa aos princípios do devido processo legal, da ampla defesa e do contraditório" (STF. HC 80.802/MS, Primeira Turma, ac. de 14.04.2001). Mais recentemente, o julgado da Segunda Turma: "De acordo com jurisprudência desta nossa Corte, que me parece juridicamente correta, o descumprimento da transação a que alude o art. 76 da Lei 9.099/1995 gera a submissão do processo ao seu estado anterior, oportunizando-se ao MP a propositura da ação penal e ao Juízo o recebimento da peça acusatória. Precedente: RE 602.072/RS" (STF. RE 581.201/RS, Segunda Turma, ac. de 24.08.2010).

A prestação pecuniária pode ser feita mediante a oferta de bens, como doação mensal de cestas básicas a entidade assistencial (STF. Inq. 2.721/DF, Tribunal Pleno, ac. de 08.10.2009).

A *multa* fixada na transação, não sendo paga, deve ser convertida em dívida de valor. A conversão em pena restritiva de direitos carece de amparo legal" (STJ. HC 9.583/SP, Quinta Turma, ac. de 14.12.1999).

A Lei 10.259, de 12.07.2001, instituiu o Juizado Especial Federal e incluiu na sua competência processar e julgar os crimes a que a lei comina pena máxima não superior a dois anos, ou multa (art. 2º), e mandou aplicar o processo previsto na Lei 9.099/1995 (art. 1º). Discutiu-se sobre a extensão desse limite aos crimes julgados pelos Juizados Especiais Estaduais (STJ. HC 25.195/SP, Quinta Turma, ac. de 27.05.2003). A Lei 10.259/2001 não repetiu a ressalva constante do art. 61 da Lei 9.099/1995, "excetuados os casos em que a lei preveja procedimento especial" (STJ. HC 22.881/RS, Quinta Turma, ac. de 08.04.2003).

Essas questões ficaram superadas com a Lei 11.313/2006, que deu nova redação ao art. 61 da Lei 9.099/1995, não mais se referindo a procedimentos especiais e elevando a pena máxima para dois anos também para a competência dos juizados estaduais.

g) A Lei 8.078, de 11.09.1990 (*Código de Defesa do Consumidor*), dispõe, em seu art. 78, que, além das penas privativas de liberdade e da multa, podem ser impostas, cumulativa ou "alternadamente", observado o disposto nos arts. 44 e 47 do CP, a interdição temporária de direitos, a publicidade sobre os fatos do processo e a prestação de serviços à comunidade.

A hipótese de aplicação "alternada" significa a possibilidade, uma vez atendidos os requisitos do art. 44 do CP, da substituição da pena privativa de liberdade por uma das três penas restritivas de direitos mencionadas no art. 78 ("a" – interdição temporária de direitos, que só pode ser a do art. 47, II, de proibição do exercício de profissão, atividade ou ofício que dependam de habilitação especial, de licença ou autorização do poder público; "b" – prestação de serviços à comunidade; "c" – publicação de notícia sobre os fatos e a condenação).

A pena de publicação de notícias sobre os fatos e a condenação em órgãos de comunicação de grande circulação ou audiência, a expensas do condenado, é uma nova espécie que não está entre as restritivas do CP, mas se justifica pelas circunstâncias da relação de consumo e pela necessidade de proteção preventiva da economia popular, para o que a divulgação ampla serve como útil e muitas vezes indispensável instrumento.

Essas restritivas podem ser impostas cumulada ou alternativamente. Algumas especificações, porém, devem ser feitas sobre tal escolha. A pena de publicação deve ser aplicada, de preferência, cumulativamente com as outras penas, pois mais se aproxima de um efeito da sentença e decorre da necessidade de lhe dar efetiva publicidade. Já a de interdição de direitos pode ser aplicada em substituição ou cumulativamente com as principais de privação da liberdade e de multa. Observa-se que essa possibilidade de cumulação não destoa de outras hipóteses legais, como a que está no Código de Trânsito, que permite a soma da privativa de liberdade, interdição de direitos e multa, e não ofende o sistema, visto que a interdição, muitas vezes, é também efeito da própria condenação. Porém, há de se entender que a prestação de serviços à comunidade, pela sua própria natureza, deve ser usada apenas como substitutiva da pena privativa de liberdade. Não está vedada a aplicação das outras restritivas do art. 43 do CP, mas para a substituição devem ser usadas, preferentemente, as do art. 78 do CDC.

Em resumo, a pena de interdição de direitos (art. 78, I, do Código de Defesa do Consumidor) pode ser usada cumulativamente ou em substituição à pena privativa de liberdade; a de prestação de serviços convém seja apenas substitutiva da pena privativa de liberdade, enquanto a de publicação, apenas cumulativa.

42. Pena de multa

A pena de multa penitenciária a que se refere o art. 49 do CP (art. 5º, II, da LCP) há de ser aplicada em dias-multa, dentro dos limites ali previstos: de dez a 360 dias-multa; no valor de 1/30 a cinco vezes o maior salário mínimo nacional vigente ao tempo do fato, podendo ser elevada até o triplo (art. 60, § 1º, do CP). No crime de execução continuada, considera-se o salário vigente no término da continuidade delitiva (STF. AP 516/DF, Tribunal Pleno, ac. de 27.09.2010).

No CP, ela está prevista em cada tipo, mas seus valores são calculados de acordo com o disposto na parte geral (art. 49).

A multa substitutiva independe de previsão no tipo (art. 44, § 2º).

Cominada a pena de multa, é necessária a sua imposição pelo juiz na sentença condenatória. "Eventual isenção somente poderá ser concedida pelo Juízo da Execução, que deverá avaliar a miserabilidade jurídica do sentenciado, examinando as condições socioeconômicas para o pagamento da multa sem prejuízo para seu sustento e de sua família" (STJ. REsp. 735.898/RS, Sexta Turma, ac. de 17.09.2009).

43. Multa em leis esparsas

Nas leis especiais, a multa ora obedece a esse mesmo critério, ora tem seus valores definidos na própria lei. Pode estar estipulada em valor certo (Lei 9.472/1997, R$ 10.000,00, art. 183) por um legislador que confia na definitiva extinção da inflação; em percentual sobre o montante do valor econômico do delito (10 %, Decreto-Lei 167/1967, crédito rural, art. 54; Lei 8.685/1993, sobre audiovisuais, 50 % sobre o valor da redução); sobre o valor do aluguel (Lei 8.245/1991); em OTN (Lei 7.347/1985, no dano contra o meio ambiente; Lei 7.643/1987, proteção aos cetáceos); pelo maior valor de referência (Lei 7.802/1989); em BTNs (Lei 8.137/1990, a respeito da ordem tributária; Lei 8.176/1991, sobre combustível); em UFIRs (Lei 9.100/1990 e Lei 9.504/1997, sobre eleições). Quando calculada a partir do número de dias-multa, a sua quantidade obedece ao disposto no CP, ou a outros parâmetros, como aos da Lei 9.279/1996 (propriedade industrial), cujos limites são de 100 a 360 dias-multa, de 100 a 150, de 200 a 360 dias-multa, e assim por diante, ou ao art. 77 do Código de Defesa do Consumidor, que determina seja o número de dias calculado de acordo com os limites da pena privativa de liberdade (art. 77 do Código de Defesa do Consumidor).

44. Multa. Cálculo

Para o cálculo da multa, a lei ordena sejam consideradas, principalmente, as condições econômicas do réu. Isso permite sejam levados em conta outros fatores, secundariamente. A necessidade de adequado ajustamento da pena recomenda seja ponderada também a gravidade da infração, em obediência ao princípio da proporcionalidade que deve existir entre um e outro. Por isso, conveniente que esse dado interfira no momento da fixação do número de dias, a fim de manter o sistema geral do Código, em que a gravidade da infração determina a natureza e os limites mínimo e máximo da sanção. Por isso, recomendável que exista certa proporcionalidade entre a pena privativa da liberdade e o número de dias-multa. Fixado, segundo a gravidade do crime, o número de dias-multa, o valor de cada um deles ficará na dependência da avaliação das condições econômicas do condenado.

45. Multa. Cálculo. Causas de aumento

O cálculo da pena de multa não sofre os efeitos das causas de aumento ou de diminuição. Discute-se sobre a pena do crime tentado, que é um tipo de crime, e por isso deve ter seus limites abstratamente reduzidos em relação ao crime consumado. Ocorre que esse fator pode e deve ser ponderado quando na definição do número de dias, daí por que seria inadequado fazê-lo atuar novamente como causa de diminuição.

46. Multa. Concurso de crimes. Crime continuado

Em caso de concurso de crimes (material ou formal, art. 72), as penas de multa são aplicadas cumulativamente, isto é, distinta e integralmente.

Não é assim no crime continuado, que se define como crime único, ao qual não se aplica a regra do art. 72, cabendo apenas a imposição de uma pena de multa (STJ. REsp. 905.854/SP, Quinta Turma, ac. de 25.10.2007). Mas esta tem sido aumentada em virtude da continuação. A rigor, penso que não caberia a exasperação, que é critério apropriado para a pena privativa da liberdade. A verdade é que o STJ tem aumentado a pena em razão da continuação, como se pode ver no HC 124.398/SP, Quinta Turma, ac. de 14.04.2009: "O juiz, por conta da continuidade delitiva, deveria ter procedido apenas ao aumento de metade sobre a pena pecuniária – mesma fração utilizada para a privativa da liberdade, que, arredondando em favor da paciente, implica o acréscimo de mais seis diárias, ficando concretizada em 19 dias-multa", e no AgRg. no REsp. 607.929/PR, Sexta Turma, ac. de 26.04.2007, que aplicou dezesseis dias--multa "em função da incidência do aumento referente à continuidade delitiva, no valor unitário mínimo". Segundo esse entendimento jurisprudencial predominante, para o crime continuado, a pena de multa será uma só, aumentada na mesma proporção da pena privativa.

47. Multa. Execução

Transitada em julgado a sentença, a multa será considerada dívida de valor, aplicando-se-lhe a legislação sobre dívida ativa da Fazenda Nacional, devendo ser promovido o devido processo de execução pelos seus procuradores perante a jurisdição civil. (i) Não há conversão da pena de multa em privativa de liberdade. (STF. HC 92.476/SP, Segunda Turma, ac. de 24.06.2008. Lei 9.268/1996). (ii) O Ministério Público não tem legitimidade para executá-la. (iii) O processo sai da esfera de atuação do Juízo da Execução Penal (STJ. EDcl. no HC 147.469/SP, Quinta Turma, ac. de 22.03.2011).

48. Multa substitutiva

A *pena de multa também pode ser substitutiva*, aplicada isolada ou cumulativamente com pena restritiva de direitos, preenchidos os requisitos do art. 44 do CP. Se a condenação à pena privativa de liberdade for igual ou inferior a um ano, a substituição pode ser feita por multa ou por restritiva de direitos; se superior a um ano até quatro, inclusive, a substituição pode ser por uma pena de multa e uma restritiva de direitos, ou por duas restritivas de direitos. A ela também se aplica a regra do art. 51, que impede a sua conversão em pena privativa de liberdade.

Os requisitos para a substituição por multa são os mesmos do art. 44. O disposto no art. 60, § 2º, que admitia a multa substitutiva para penas privativas até seis meses, foi implicitamente revogado pela Lei 9.714/1998, que alterou a redação do art. 44, § 2º, para autorizar a substituição por multa de penas privativas até um ano.

Na escolha de uma das alternativas permitidas, o juiz deve ponderar a eficácia da substituição, pois a substituição da privativa de liberdade pela de multa, para quem sabidamente não tem condições de pagá-la, significará a efetiva ausência de resposta do Estado.

A pena privativa a ser considerada para a substituição é a final; se houver concurso de crimes, atender-se-á à soma das diversas penas (no concurso material) ou à pena já aumentada (no concurso formal ou no crime continuado).

A pena de multa cominada para o crime não se confunde com a multa substitutiva, aplicada na forma do art. 44, § 2º: a pena de multa substitutiva é aplicada "afora a pena de multa já imposta em virtude de sua previsão no tipo penal incriminador" (STJ. REsp. 999.981/SE, Quinta Turma, ac. de 17.03.2009).

49. Multa. Leis esparsas

Na legislação especial, cominadas as penas privativa de liberdade e de multa, a Súmula 171 do STJ veda a substituição da pena de prisão por outra pena de multa:

"Assentada na jurisprudência desta Corte e do col. STF no sentido de ser inviável a substituição da pena de detenção pela multa, na hipótese de condenação no art. 16 da Lei 6.368/1976, pois isso resultaria na aplicação cumulativa de uma só espécie de pena, enquanto a lei especial comina duas espécies. Súmula 171 do STJ" (STJ. HC 13.414/SP, Quinta Turma, ac. de 03.05.2001; STJ. REsp. 1.114.099/SP, Quinta Turma, ac. de 09.02.2010).

50. Multa reparatória

A pena de multa ainda pode ser reparatória, definida no art. 297 do Código de Trânsito como sendo o depósito judicial em favor da vítima, ou de seus sucessores, de quantia calculada com base no disposto no § 1º do art. 49 do CP (entre 1/30 do s.m. e cinco vezes o s.m.), sempre que houver prejuízo material resultante do crime, não podendo ser superior ao valor do prejuízo demonstrado no processo, e será descontada na indenização civil do dano. O pressuposto, portanto, é a existência de dano material, isto é, patrimonial, assim compreendido tanto o que incide sobre coisas como sobre a pessoa, tanto o prejuízo material emergente como o lucro cessante, que é também um dano material. O que exclui a imposição da multa reparatória é a existência apenas de dano moral, ou extrapatrimonial, isto é, quando não existe uma diminuição do patrimônio do lesado, economicamente apreciável.

Para a definição do valor da multa reparatória, cujo teto máximo é o equivalente ao prejuízo demonstrado nos autos, deverá o juiz, durante a instrução, colher elementos que facilitem o seu trabalho na sentença, o que não significa que tal avaliação dependa de perícia, pois é mais uma estimativa, um arbitramento judicial fundado nos elementos de que o juiz dispõe para o julgamento. Trata-se de inovação útil, porque antecipa a indenização do lesado, a ser usada com critério e debaixo dos parâmetros da lei. O depósito será feito até dez dias depois do trânsito em julgado da sentença em favor da vítima ou de seus sucessores, podendo o valor arbitrado ser objeto de execução judicial se o devedor não pagar nem requerer o pagamento parcelado, em processo a ser instaurado pelo beneficiário ou pelo Ministério Público. A ilegitimidade do MP para executar a multa em favor do fundo penitenciário não se estende à execução da multa reparatória do Código de Trânsito, porquanto esta é em favor da vítima e em seu favor pode e deve atuar o Ministério Público.

Não há qualquer incompatibilidade na aplicação cumulativa da multa reparatória (art. 297 da Lei 9.503/1997, Código de Trânsito) e da prestação pecuniária como substitutiva da pena privativa da liberdade (STJ. REsp. 736.784/SC, Quinta Turma, ac. de 08.11.2005; STJ. HC 88.826/DF, Quinta Turma, ac. de 16.04.2009).

51. Multa. Aplicação isolada

A pena de multa também pode ser a única a ser aplicada, por escolha do juiz, como acontece nos crimes de apropriação indébita previdenciária e de sonegação previdenciária, em que é permitido ao juiz deixar de aplicar ou reduzir a pena privativa da liberdade, ou aplicar apenas a de multa (art. 168-A, § 3º; art. 337-A, § 3º, do CP, redação dada pela Lei 9.983, de 14.07.2000). A Lei das Contravenções Penais (Decreto-Lei 3.688/1941) comina, para alguns ilícitos, somente a pena de multa (art. 20, art. 22 etc.).

52. Multa

O *habeas corpus* não se presta para corrigir equívoco na aplicação da pena de multa, única aplicada ou cominada (STJ. HC 133.594/SP, Quinta Turma, ac. de 13.04.2010. Súmula 693 do STF). Mas cabe *habeas corpus* para cassar decisão que ordenou a reconversão da multa substitutiva em pena privativa da liberdade (STJ. HC 89.073/MG, Quinta Turma, ac. de 27.11.2008).

53. Suspensão condicional da pena. *Sursis*

A suspensão condicional da execução da pena pode ser comum ou especial.

O *sursis* comum (ou simples) tem *requisitos* de ordem objetiva, subjetiva e de subsidiariedade:

I – Requisito o*bjetivo* – a fixação da pena privativa de liberdade em até dois anos (inclusive) (art. 77, *caput*). Para essa verificação, deve ser computada a causa de aumento (STF. HC 90.869/SP, Segunda Turma, ac. de 20.04.2010; STJ. HC 7.389/AM, Quinta Turma, ac. de 17.11.1998), entre elas a do crime continuado (STJ. RHC 7.779/SP, Quinta Turma, ac. de 25.08.1998) e do concurso formal (STJ. REsp. 188.878/RO, Sexta Turma, ac. de 09.05.2000), e a soma de penas no concurso material (STJ. REsp. 284.104/SP, Sexta Turma, ac. de 24.09.2002).

II – Requisitos *subjetivos* (art. 77, I e II):

A) não reincidência em crime doloso. Isso significa que pode receber o *sursis*: 1) o réu já condenado por outro crime, desde que não caracterizada a reincidência; 2) o reincidente cujo crime anterior seja doloso, e o atual, culposo, ou aquele cujo crime anterior seja culposo, e o atual, doloso ou culposo; 3) o réu reincidente condenado antes somente à pena de multa, ainda que substitutiva.

B) A culpabilidade, antecedentes, conduta social, personalidade, motivos e circunstâncias autorizarem a concessão do benefício.

São as circunstâncias judiciais do art. 59 as que são aqui apreciadas, tendo em vista a possível liberação do réu de cumprir a pena privativa da liberdade, em prognóstico favorável a respeito do seu comportamento futuro imediato.

Se, para a aplicação da pena-base no mínimo legal, foram avaliadas como favoráveis todas as circunstâncias judiciais, não cabe desfazer o enfoque para apontar circunstâncias negativas e negar o *sursis* (STF. HC 92.322/PA, Primeira Turma, ac. de 18.12.2007).

III – Requisito de subsidiariedade: se incabível ou não indicada a substituição por pena restritiva de direito ou multa, na forma do art. 44, o juiz pode suspender a execução com base no inciso III, do art. 77.

O *sursis*, em razão da elevação dos limites da pena para a substituição por restritiva ou multa (art. 44), passou a ser de aplicação subsidiária àquela substituição, eventualmente incabível por ter sido o crime praticado com violência ou grave ameaça. Quer dizer, a pena até dois anos, por crime praticado com violência ou grave ameaça, que não possa ser substituída por restritiva, pode ser suspensa, atendidos os requisitos do art. 77, I e II.

54. *Sursis*. Crime hediondo

No que diz com o crime hediondo, "é possível a suspensão condicional da pena mesmo em se tratando de crime hediondo" (STF. HC 86.698/SP, Primeira Turma, ac. de 19.06.2007). Com isso, ficou superada a antiga orientação que afastava a possibilidade do *sursis* para tais casos (STF. HC 72.697/RJ, Primeira Turma, ac. de 19.03.1996).

55. *Sursis* especial por idade ou doença

A execução da pena privativa de liberdade, não superior a quatro anos, poderá ser suspensa por quatro a seis anos, desde que o condenado seja maior de setenta anos de idade, ou razões de saúde justifiquem a suspensão (art. 77, § 2º).

56. *Sursis* e regime probatório

O período de prova é de dois a quatro anos. Durante o primeiro ano, o condenado cumprirá a pena restritiva de direitos de prestação de serviços à comunidade ou a de limitação de fim de semana e, nos seguintes, atenderá às condições impostas pelo juiz na sentença, que podem ser as de não frequentar determinados lugares, não se ausentar da comarca sem comunicar ao juízo, ou de comparecer periodicamente em juízo (art. 78, § 2º), além de outras pertinentes, adequadas ao fato e às condições pessoais do condenado (art. 79).

Omitindo-se o juiz quanto às condições do *sursis*, cabe ao juízo da execução fixá-las (STJ. REsp. 69.740/SP, Quinta Turma, ac. de 06.12.1995).

Durante o período de prova do *sursis*, não flui o prazo prescricional: "Embora o CP não considere, de forma explícita, a suspensão condicional como causa impeditiva da prescrição, esse efeito deflui da lógica do sistema vigente" (STF. HC 91.562/PR, Segunda Turma, ac. de 09.10.2007).

Na Lei das Contravenções Penais, o período de prova não pode ser inferior a um ano nem superior a três (art. 11).

57. *Sursis*. Regime probatório especial (art. 78, § 2º)

Há um *regime especial de prova*, a ser concedido ao condenado que:

I – atenda a todos os requisitos acima indicados;

II – tenha reparado o dano, em qualquer tempo, salvo impossibilidade;

III – sejam inteiramente favoráveis as circunstâncias judiciais do art. 59.

Nesse regime de *sursis com período probatório especial*, não haverá, no primeiro ano, o cumprimento de pena restritiva de direitos, que será substituída por uma das condições previstas no § 2º do art. 78: proibição de frequência, ausência mediante autorização e comparecimento em juízo.

58. Suspensão condicional da pena e a substituição da pena por restritivas de direitos

A modificação introduzida pela Lei 9.714/1998, permitindo a substituição da pena privativa de liberdade não superior a quatro anos, quebrou o equilíbrio estabelecido pela Lei 7.209/1984, que oferecia um sistema harmônico de gradual benefício ao condenado de acordo com a gravidade da sua situação. Passava-se do cumprimento inicial de pena em regime fechado, semiaberto, prisão-albergue, permitida a suspensão condicional comum (com regime probatório comum, art. 78, *caput* e § 1º; ou regime probatório especial, art. 78, § 2º) e a suspensão condicional especial (art. 77, § 2º), chegando à substituição da pena privativa de liberdade por pena restritiva ou por multa.

Hoje, o *sursis* – que é, para os fins da lei, mais oneroso do que a substituição por pena restritiva, pois tem um período de provas e sempre está presente a possibilidade de revogação, – tem requisitos mais exigentes para a sua concessão do que os previstos no art. 44 para a substituição da pena. Isto é, para a substituição da pena, medida mais benéfica ao condenado, os pressupostos podem ser mais facilmente satisfeitos, enquanto, para o *sursis*, as exigências são maiores (exige-se menos para conceder mais, e mais para conceder menos). Isso decorre da falta de adequação do sistema às inovações introduzidas pela Lei 9.714/1998. Como o juiz deve apreciar em primeiro lugar a possibilidade da substituição por uma das penas do art. 43, aplicável a sanções mais graves (não superior a quatro anos), o deferimento do *sursis* acontecerá nos casos em que, embora a condenação seja a pena até dois anos, não haja a possibilidade de substituição, como acontece especificamente nos casos de crimes violentos com penas impostas não superiores a dois anos.

59. Substituição. Semi-imputável

A pena imposta a réu semi-imputável poderá ser substituída por medida de segurança, se necessitar de especial tratamento curativo (art. 98). A substituição será pela internação em estabelecimento adequado (art. 96, I) ou sujeição a tratamento ambulatorial (art. 96, II). A lei não determina a adoção de um ou outro regime em razão da natureza da pena, mas é conveniente atentar para o disposto no art. 97, que até para o inimputável permite o tratamento ambulatorial no caso de ter praticado fato punido com pena de detenção. Assim, se não houver motivo grave, o réu semi-imputável condenado à pena de detenção, que deva ter a pena substituída, será submetido a tratamento ambulatorial.

60. Suspensão condicional do processo

A Lei dos Juizados Especiais prevê a suspensão condicional do processo (art. 89), medida que o MP pode propor ao oferecer a denúncia por crime punido com pena mínima inferior a um ano (ver: Súmulas do STJ 243 e 337; Súmulas do STF 696 e 723), atendidos os seguintes requisitos: (i) não esteja sendo processado ou não tenha sido condenado por outro crime; (ii) atenda aos requisitos do art. 77, sobre a suspensão da execução da pena.

A proibição relativa à condenação em feito criminal anterior desaparece após cinco anos do cumprimento da respectiva pena, na forma do art. 64, I (STF. HC 88.157/SP, Primeira Turma, ac. de 28.11.2006).

Não se concede o benefício se o limite da pena mínima de um ano é excedido pela soma, no concurso material, ou pela aplicação da causa de aumento por concurso formal ou crime continuado (STF. HC 83.163/SP, Tribunal Pleno, ac. de 16.04.2009).

Vale lembrar que, ao definir infração de menor potencial ofensivo, a Lei 9.099/1995 atribuiu aos Juizados Especiais estaduais competência para julgar os crimes com pena máxima não superior a um ano. Mais tarde, a Lei 10.259/2001, ao organizar os Juizados Especiais federais, atribuiu-lhes competência para crimes com pena máxima até dois anos. Seguiu-se a Lei 11.313/2006, que alterou a redação do art. 61 da Lei 9.099/1995, estabelecendo também para os Juizados Estaduais Criminais a competência para julgar crimes punidos em até dois anos.

A competência dos Juizados Especiais Criminais estaduais e federais tem o mesmo limite (dois anos), mas isso não alterou a regra do art. 89 da Lei 9.099/1995, aplicável a ambos os sistemas, para a suspensão do processo (pena mínima igual ou inferior a um ano).

Aceita a proposta, o processado será submetido a regime de provas por dois a quatro anos, sob as condições do art. 89, § 1º, incisos I a IV, além de outras que o juiz especificar (§ 2º). A suspensão será revogada, retomando-se o feito, se sobrevier processo por outro crime ou se não reparado o dano; a revogação será facultativa se o outro processo for por contravenção ou se descumprida condição diversa da reparação do dano (§§ 3º e 4º). As duas Turmas do STJ julgam possível a revogação da suspensão condicional do processo, mesmo depois do período de prova (STJ. AgRg. no REsp. 1.170.817/MT, Quinta Turma, ac. de 22.03.2011; STJ. HC 173.428/MS, Sexta Turma, ac. de 03.03.2011).

O *sursis* processual não é direito subjetivo do processado, pois o MP poderá não o propor. Não oferecida a proposta, o juiz, discordando, poderá enviar os autos ao Procurador-Geral, aplicando-se por analogia o disposto no art. 28 do CPP. Oferecida a proposta, o juiz poderá indeferi-la, se ausentes os pressupostos (STF. HC 84.342/RJ, Primeira Turma, ac. de 12.04.2005).

II – ELEMENTARES E CIRCUNSTÂNCIAS DO DELITO

61. Elementares

A conduta punível tem elementos constitutivos essenciais (sem os quais ela não existe), que podem ser genéricos ou específicos. Os genéricos estão presentes em todos os delitos: ação típica, antijurídica, culpável. As condutas que reúnem tais características básicas apresentam-se no mundo dos fatos sob as mais diversas modalidades de comportamento criminoso. Os tipos descrevem as condutas ilícitas penais e, assim, fixam os elementos essenciais específicos de cada um dos crimes. Esses fatores, que integram um tipo básico ou autônomo, distinguindo uns dos outros, são as elementares do crime, ou os elementos constitutivos essenciais específicos daquele tipo de crime.

62. Distinção entre as elementares e as circunstâncias

Todos os demais fatores que, não sendo essenciais (não elementares do crime), interessam à aplicação da pena, são as circunstâncias do crime. Estas são acidentais, podendo estar ou não presentes na realização de uma certa figura típica.

Distingue-se a elementar de uma circunstância pelo processo hipotético de eliminação. Se a exclusão de certo fator implica a descaracterização do fato como crime, ou faz surgir um outro crime, tal dado é uma elementar. Ex.: eliminando-se o fator "funcionário público", não há crime de prevaricação, nem outro qualquer pela demora na movimentação do processo; eliminando-se o mesmo dado, deixa de existir o peculato e pode haver a apropriação indébita. Logo, ser funcionário público é elemento essencial dos crimes de prevaricação e de peculato. Se o fator excluído não impede a caracterização do crime, trata-se de uma circunstância do crime. No art. 268, parágrafo único, que dispõe sobre a pena de infração de medida sanitária preventiva, ser funcionário da saúde pública ou exercer a profissão de médico é causa de aumento (excluído o fator "médico", o crime existe, mas sem a causa de aumento). Já no art. 269, ser médico é elementar do tipo de omissão de notificação de doença. Ser prefeito municipal integra o tipo do art. 89 da Lei 8.666/1993 (não pode ser circunstância judicial desfavorável).

63. Circunstâncias inseridas em tipo derivado

As circunstâncias estão descritas em várias disposições sobre aplicação de pena, na parte geral e na parte especial, e também nas leis esparsas, ao passo que as elementares compõem os tipos. Mas é preciso observar que apenas o tipo básico (art. 121, *caput*) ou o tipo autônomo (ex: art. 123) contêm as elementares do crime. O tipo derivado (ex: art. 121, § 1º ou § 2º) tem como seu componente circunstâncias (motivo de relevante valor; traição) que são elementos do tipo derivado, mas não são elementares do crime de homicídio, e sim, simples circunstâncias dele, apenas embutidas num tipo derivado. São dados acidentais, cuja existência ou inexistência não altera a definição do crime como homicídio.

64. Elementares. Função

As elementares servem para a classificação do crime, com a qual o juiz conclui o juízo condenatório, iniciando logo após a aplicação da pena (art. 59). Uma vez definido certo aspecto como elementar do crime, não pode ele novamente ser ponderado para a fixação da pena em alguma de suas fases seguintes. Prevalece a regra de que o mesmo fator deve ser utilizado apenas uma vez, de modo que mais atue a favor ou contra o réu. *Non bis in idem* é expressão comumente usada para repelir essa dupla consideração do mesmo fator nas fases de cálculo da pena (STF. HC 94.692/SP, Segunda Turma, ac. de 14.09.2010). Advirta-se que o mesmo fato pode ser levado em conta para a fase seguinte, quando o juiz for decidir sobre substituição, suspensão e regime inicial da pena.

A classificação da conduta em certo tipo permite ao juiz conhecer as penas aplicáveis e a sua quantidade, nos limites mínimo e máximo. Para essa definição, devem ser consideradas desde logo as circunstâncias especiais incluídas no tipo derivado, o qual indica outros limites (art. 157, § 3º) ou altera a natureza da pena (art. 175, § 1º).

Havendo duas qualificadoras, uma delas serve para fazer incidir o tipo derivado, e a outra pode funcionar como circunstância judicial desfavorável (ex: rompimento de obstáculo e concurso de agentes, no furto qualificado) (STJ. HC 143.700/MS, Sexta Turma, ac. de 03.03.2011), ou como agravante, se assim prevista. O mesmo acontece com as causas de aumento, uma sendo utilizada para o aumento da pena, a outra como circunstância judicial ou como agravante.

65. Circunstâncias. Classificação

Circunstâncias são todos os demais fatores que, como decorre da etimologia da palavra, cercaram o fato: de ordem externa (tempo, local, arma utilizada etc.) ou interna (relações com a vítima, finalidade etc.).

As circunstâncias classificam-se em judiciais e legais. As Primeiras são as enumeradas no art. 59, genericamente mencionadas na lei mediante dado objetivo ou subjetivo que deve ser apreciado, ficando delegada ao trabalho do julgador a identificação do fato relevante no âmbito referido pela lei. Relativamente a elas, o Código não define quais devam ser consideradas favoráveis ou desfavoráveis ao réu, indicando apenas a sua natureza; cabe ao juiz fazer a investigação pertinente, durante a instrução probatória, e, depois, individualizá-las na sentença.

Reza o art. 59:

> O juiz, atendendo à culpabilidade, aos antecedentes, à conduta social, à personalidade do agente, aos motivos, às circunstâncias e consequências do crime, bem como ao comportamento da vítima, estabelecerá, conforme seja necessário e suficiente para a reprovação e prevenção do crime: as penas aplicáveis dentre as cominadas; II – a quantidade de pena aplicável, dentro dos limites previstos; III – o regime inicial de cumprimento da pena privativa de liberdade; IV – a substituição da pena privativa da liberdade aplicada, por outra espécie de pena, se cabível.

66. Culpabilidade

A primeira circunstância judicial, e de todas a mais importante, é a culpabilidade, pois "a pena não pode superar a medida da culpabilidade". Para o fim da definição da pena, ao juiz cumpre avaliar o grau de censurabilidade do réu por adotar um comportamento ilícito, tendo condições de se conduzir de acordo com o direito.

Não cabe levar em conta a gravidade da infração, pois esta já foi considerada para a escolha da natureza e dos limites da pena, mas, sim, o conjunto dos outros fatores (circunstâncias) que tornam mais ou menos reprovável a conduta do agente. Considera-se, nessa fase, que o crime representa uma quebra na expectativa de que o agente atenderia ao princípio ético vigorante na comunidade assim como expresso na lei; seu ato será tanto mais censurável quanto maior a frustração. A avaliação do juiz ponderará o conjunto dos elementos subjetivos que atuaram para a deflagração do delito, os motivos, os fins, as condições pessoais, analisados de acordo com o sentimento ético da comunidade em relação a tais comportamentos.

Não confundir com o dolo: "Dolo é aspecto do elemento subjetivo, de vontade do agente, agasalhado pelo CP em dois aspectos: direto e eventual (art. 18, I). Dolo é elemento anímico, projeção de livre escolha do agente entre agir ou omitir-se no cumprimento do dever jurídico. Não tem intensidade. Intensidade refere-se a graus, do maior ao menor. Nada tem com o dolo. É relativa, isto sim, à culpabilidade, entendida no sentido moderno da teoria geral do delito como reprovabilidade, censurabilidade ao agente, não ao fato. No caso *sub judice*, a pena-base foi majorada pela 'intensidade do dolo'. Essa qualificação é normativamente inadequada" (STJ. HC 9.584/RJ, Sexta Turma, ac. de 15.06.1999).

Também por isso, "a potencial consciência da ilicitude, elemento inerente ao dolo, necessário à caracterização do delito, não pode servir como fundamento para majorar a pena-base" (STJ. HC 109.831/DF, Quinta Turma, ac. de 07.12.2010; STJ. HC 107.795/RS, Sexta Turma, ac. de 16.12.2008).

Já a premeditação aumenta a censurabilidade da conduta porque revela firme disposição de violar a lei (STJ. HC 118.267/PB, Quinta Turma, ac. de 06.04.2010).

Reconheceu-se como de "culpabilidade elevada" o agente do crime de roubo simples que, na execução, agrediu intensamente a vítima, pessoa idosa (STJ. HC 125.262/MG, Quinta Turma, ac. de 18.02.2010). Assim também se considerou o autor de crime cometido na presença de crianças (STJ. HC 100.843/MS, Sexta Turma, ac. de 04.05.2010; STJ. HC 134.075/PE, Quinta Turma, ac. de 22.09.2009).

De outra parte, não é fundamento para a elevação da pena-base a alegação "de que a prática do crime constitui incentivo à criminalidade", por ser vaga, genérica e sem objetividade (STJ. HC 139.238/DF, Quinta Turma, ac. de 01.3.2011).

67. Antecedentes

Os antecedentes são os fatos registrados sobre o comportamento anterior do réu, integram a sua história de vida e já não podem ser modificados, apenas conhecidos e avaliados, sempre na perspectiva do crime que está em julgamento. "O passado é a vida que se coisificou". Serão bons ou maus, de acordo com a sua maior ou menor concordância com os preceitos de conduta aceitos; mais ou menos importantes quanto maior a sua relação com o crime.

Anteriormente, no STF e no STJ, adotando a orientação que parece ser a melhor, julgou-se repetidas vezes que os inquéritos policiais e os processos criminais podiam ser considerados para atribuir ao réu maus antecedentes (STF. HC 73.394/SP, Primeira Turma, ac. de 19.03.1996; STF. HC 73.878/SP, Primeira Turma, ac. de 18.06.1996; STF. HC 70.871/RJ, Segunda Turma, ac. de 11.10.1994; STF. HC 74.967/SP, Primeira Turma, ac. de 08.04.1997;

STF. HC 72.130/RJ, Segunda Turma, ac. de 22.04.1996; STF. HC 73.297/SP, Segunda Turma, ac. de 06.02.1996; STF. RE 211.207/SP, Primeira Turma, ac. de 18.11.1997). No REsp. 222.216/SP, Sexta Turma, STJ, ac. de 03.12.2001, ficou decidido: "A existência de inquéritos e processos em curso indica maus antecedentes, aptos a determinar a exacerbação da pena. Precedentes desta Corte e do STF". Constou do HC 21.417/SP, Quinta Turma, STJ, ac. de 26.11.2002: "Embora a condenação anterior não transitada em julgado não macule a primariedade do réu, pode, sim, servir como base na apuração e valoração dos antecedentes". Recentemente, o Ministro Napoleão Nunes Maia Filho assim fundamentou o mesmo entendimento: "Cumpre destacar que compartilho do entendimento de que ações penais em andamento, principalmente quando (a) há decisão condenatória em primeiro grau e (b) os fatos são contemporâneos e se relacionam a delitos de espécies semelhantes a que originou a condenação, bem como inquéritos policiais em curso, constituem dados objetivos da biografia do acusado, servindo como referência segura na primeira fase da dosimetria da pena. Assim como as outras circunstâncias judiciais do art. 59, frutos da avaliação subjetiva do magistrado, sempre cercada de incertezas, a existência de ações e inquéritos serve melhor ao critério da segurança jurídica, pois sem esses dados deixam-se as variáveis da dosimetria insubmissas a critérios objetivos de controle, com prejuízo para o condenado. Revela-se desproporcional e até mesmo injusto considerar-se primário e possuidor de bons antecedentes não só aquele que jamais respondeu a outro processo como o que possui diversas ações penais e algumas condenações que, por questões processuais, ainda não lograram transitar em julgado" (STJ. HC 177.837/RJ, Quinta Turma, ac. de 22.02.2011).

A orientação atual do STJ, porém, não aceita tais registros como indicadores de maus antecedentes: STJ. REsp. 327.745/SE, Sexta Turma, ac. de 20.03.2003: "Importa em violação ao princípio constitucional da presunção de inocência a consideração de inquéritos e processos em andamento como maus antecedentes". (STJ. REsp. 259.073/RS, Quinta Turma, ac. de 11.03.2003: "Viola o princípio constitucional da presunção de inocência (art. 5º, LVII da Constituição) a consideração, à conta de maus antecedentes, de inquéritos e processos em andamento para a exacerbação da pena-base e do regime prisional." No mesmo sentido: STJ. HC 10.907/SC, Quinta Turma, ac. de 14.12.1999; STJ. EDcl. no REsp. 123.995/SP, Sexta Turma, ac. de 19.11.1998; STJ. RHC 7.262/RJ, Quinta Turma, ac. de 02.06.1998; STJ. REsp. 167.369/RJ, Sexta Turma, ac. de 23.11.1998; STJ. RHC 7.997/SP, Sexta Turma, ac. de 03.11.1998.

Reza a Súmula 444 do STJ: "É vedada a utilização de inquéritos policiais e de ações penais em curso para agravar a pena-base".

Mas, flexibilizando essa posição, alguns julgados da Quinta Turma do STJ admitem que tais fatos revelam personalidade desajustada, o que permite, a esse título, a elevação da pena-base: "Embora envolvimento anterior em atos infracionais não possa ser considerado como maus antecedentes e tampouco se preste para induzir a reincidência, demonstra a inclinação do acusado para a prática delitiva, o que é suficiente para justificar o aumento de pena procedido na primeira etapa da dosimetria" (STJ. HC 146.684/RJ, Quinta Turma, ac. de 09.11.2010). Essa alternativa decisória retira, na verdade, a eficácia da Súmula 444.

Não se pode reconhecer a existência de maus antecedentes pela prática de crimes que integram o crime continuado em julgamento: "Conflita com a ordem jurídica em vigor considerar-se para a majoração da pena-base e sob o ângulo das circunstâncias judiciais, processos que desaguaram na conclusão sobre a continuidade delitiva" (STF. HC 76.631/SP, Segunda Turma, ac. de 24.03.1998).

Nos termos da Súmula 241 do STJ, "A reincidência penal não pode ser considerada como circunstância agravante e, simultaneamente, como circunstância judicial".

Mas, havendo diversas condenações, "nada obsta que uma caracterize maus antecedentes e, as outras, a agravante da reincidência" (STJ. HC 146.080/MG, Sexta Turma, ac. de 14.12.2009).

Praticado novo crime, após decorrido o prazo de cinco anos do art. 64, I, do CP, o réu não sofrerá mais o efeito da reincidência, mas a condenação anterior poderá ser considerada como maus antecedentes e demonstrar reprovável conduta social para: (i) elevação da pena-base (STF. RHC 106.814/MS, Primeira Turma, ac. de 08.02.2011); (ii) impedir a aplicação da causa especial de diminuição de pena prevista no art. 33, § 4º, da Lei 11.343/2006 (Drogas) (STF. HC 97.390/SP, Primeira Turma, ac. de 31.08.2010).

68. Conduta social

A conduta social consiste no modo pelo qual o agente exerceu os papéis que lhe foram reservados na sociedade. Trata-se de averiguar, por essa circunstância, o seu desempenho na sociedade, em família, no trabalho, no grupo comunitário, formando um conjunto de fatores do qual talvez não tenha surgido nenhum fato digno de registro especial, mas que serve para avaliar o modo pelo qual o agente se tem conduzido na vida de relação. Esse exame permitirá concluir se o crime é um simples episódio, resulta de má educação ou revela sua propensão para o mal.

69. Personalidade

A personalidade é formada pelo conjunto dos dados externos e internos que moldam um feito de agir do réu, instrumental que ele herdou ou adquiriu e com o qual responde às diversas situações que lhe são propostas na vida diária. Foi definida como "a organização dinâmica dos sistemas psicofísicos que determinam o ajustamento do indivíduo ao meio circundante". Quanto mais esse conjunto levou o réu a comportamentos reprováveis, tanto mais o crime é um reflexo dessa personalidade, que, por isso mesmo, deve sofrer um juízo negativo; é o que acontece quando a personalidade do autor revela tendências criminais.

De modo geral, a personalidade refere-se ao modo relativamente constante e peculiar de perceber, pensar, sentir e agir do indivíduo, incluindo também habilidades, atitudes, crenças, emoções, desejos, o modo de comportar-se, inclusive os aspectos físicos do indivíduo, e de que forma todos esses aspectos se integram, organizam-se, conferindo peculiaridade e singularidade ao indivíduo. [...] Cada indivíduo tem sua história pessoal e essa é a unidade básica a ser levada em conta no estudo da personalidade. Na história pessoal, devemos considerar: os dados biopsicológicos herdados; o meio, isto é, condições ambientais, sociais e culturais nas quais o indivíduo se desenvolve; os dados adquiridos na interação hereditariedade-meio, as características e condições de funcionamento do indivíduo nessa interação.[1]

Dos mesmos autores, ainda colho as definições:

Temperamento: deve ser entendido como uma alusão aos aspectos da hereditariedade e da constituição fisiológica que interferem no ritmo individual, no grau de vitalidade ou emotividade dos indivíduos. Caráter: utilizado para designar aspectos morais dos indivíduos, bem como na referência a reações afetivas, ou, mais comumente, para

---

[1] SANTOS, Pedro Sérgio dos; VIEIRA, Mara Lúcia Almeida. *Análise de personalidade para fixação da pena*: contradições e ilegalidades no artigo 59 do Código Penal. Revista de Informação Legislativa, Brasília, v. 36, n. 141, p. 113, jan./mar. 1999.

designar aquilo que diferencia um indivíduo de outro, a marca pessoal de alguém. Traço de personalidade: refere-se a uma característica duradoura da personalidade do indivíduo (ser reservado, ser bem-humorado, etc.). Os traços são inferidos a partir do comportamento.[2]

Vejamos alguns precedentes.

Para o exame da personalidade do agente, "não devem ser desprezadas as oportunidades que teve ao longo de sua vida e consideradas em seu favor uma vida miserável, reduzida instrução e deficiências pessoais que tenham impedido o desenvolvimento harmonioso de sua personalidade" (STJ. HC 107.795/RS, Sexta Turma, ac. de 16.12.2008).

O simples fato de o paciente não se mostrar arrependido não conduz à mensuração negativa de sua personalidade (STJ. HC 100.843/MS, Sexta Turma, ac. de 04.05.2010).

Demonstrado que o autor de lesão é pessoa violenta e agressiva, fica justificado o juízo negativo sobre sua personalidade, e adequada é a fixação da pena-base acima do mínimo (STJ. HC 139.358/MS, Quinta Turma, ac. de 15.04.2010).

Inexistindo elementos suficientes para a avaliação da personalidade do agente, não cabe sua valoração negativa para o aumento da pena-base (STJ. HC 160.680/MS, Quinta Turma, ac. de 19.08.2010).

70. Motivos

Os motivos são os fatores que animaram o agente a praticar o delito. Estão ligados à causa da conduta (agiu impelido pelo ódio à vítima) e nada dizem com a finalidade porventura perseguida (matou para encobrir a autoria de outro delito). Podem ser nobres ou vis e, dentro dessa

---
[2] SANTOS e VIEIRA, op. cit., p. 113.

régua de valores, devem ser avaliados, contando ainda a sua intensidade para a determinação da ação.

71. Consequências

As consequências do crime podem variar substancialmente sem modificar a natureza do resultado típico. É comum distinguir-se, no crime de tentativa de homicídio, aquele do qual resulta lesão qualificada, que tem consequências graves, da tentativa branca, quando o golpe (ordinariamente um disparo de arma de fogo) não atinge a vítima, embora os dois crimes realizem o mesmo tipo e tenham os mesmos limites de pena. É de lembrar precedente do STJ: "Configura-se devidamente fundamentada a decisão do Juízo singular que fixa a pena-base acima do mínimo legal, diante das gravíssimas consequências sofridas pela vítima em razão da tentativa de homicídio, que lhe acarretou deformidade permanente" (STJ. HC 91.290/SP, Quinta Turma, ac. de 19.06.2008).

No crime de furto de pequena quantia, é diverso o resultado do crime que causou prejuízo à vítima abonada, daquele outro em que foi subtraída a quantia de quem dela necessitava para a aquisição de remédios etc.

Ainda no âmbito do exame das consequências, lembre-se que a restituição apenas parcial da *res furtiva* não justifica a elevação da pena-base (STJ. HC 81.656/DF, Quinta Turma, ac. de 06.05.2008; no mesmo sentido: STJ. REsp. 683.122/RS, Sexta Turma, ac. de 24.11.2009).

Quando o elevado prejuízo sofrido pela vítima extrapola o normal à espécie, cabe a sua ponderação na fixação da pena-base (STJ. HC 139.238/DF, Quinta Turma, ac. de 01.03.2011).

O comportamento do réu, tratando de reparar o dano, qualquer que seja a natureza do crime, repercute em favor do agente, na fixação da pena-base, pois implica a diminuição efetiva das consequências do delito. Porém, se ele se omite dessa iniciativa, nem por isso merece agravação, pois a existência do prejuízo já foi ponderada pelo legislador na definição do tipo (STJ. HC 104.071/MS, Sexta Turma, ac. de 07.05.2009).

72. Comportamento da vítima

A importância atribuída ao comportamento da vítima decorre dos estudos de vitimologia. É relevante para a apreciação de certos delitos, como os de lesão resultante de impulso provocado pelo agredido, os cometidos contra a honra, desde que não seja causa de não aplicação da pena (art. 140, § 1º), contra o patrimônio de quem desleixa no cuidado de seus bens, etc.

O comportamento da vítima tachado de neutro não pode ser valorado como prejudicial ao acusado (STJ. HC 83.066/DF, Sexta Turma, ac. de 25.08.2009).

73. Análise judicial

Com esses dados, o juiz iniciará o trabalho de aplicação da pena. Não é circunstância judicial, útil para a fixação da pena-base, a elementar do crime (como, por exemplo, a condição política de exercer o cargo de Prefeito Municipal, circunstância elementar do tipo do art. 89, *caput*, da Lei 8.666/1993), nem as que já serviram para a classificação do delito como qualificado ou privilegiado, e as que depois atuarão como atenuantes, agravantes, causas de aumento ou de diminuição.

O trabalho judicial se destina ao encontro da pena que seja necessária e suficiente para a reprovação e a prevenção do crime.

No sistema brasileiro, pois, a pena tem dupla finalidade: serve para reprovar a conduta, censurando o seu autor mediante a imposição de uma sanção que, por isso, possui também o caráter de retribuição; serve para a prevenção do crime – tratando de proteger o bem jurídico a fim de que não se repita a agressão –, seja a prevenção geral, exercida sobre os demais em razão da existência do processo e da imposição da pena, seja a prevenção especial, para atuar sobre o agente e impedir a sua reincidência. Há de ser necessária, porquanto, se não o for, já não será uma pena justa; e suficiente, pois, com a insuficiência, o Estado se divorcia da sua finalidade.

É recorrente o debate doutrinário sobre os fins da pena. Jescheck, analisando a reforma da Parte Geral do Código Penal alemão (1975), registrou que "o fundamento da concepção do novo Direito Penal consiste em unir o fim da compensação da culpabilidade ao da influência especial-preventiva sobre o autor mediante a pena". Porém, para Roxin, autor do Projeto Alternativo, seria mais exato dizer-se que a proteção de bens jurídicos e a reincorporação do réu à comunidade jurídica constituem o fim geral da pena, o que refletiria uma tendência do moderno Direito Penal, a ponto de autores afirmarem a exclusão da retribuição como fim da pena e a aceitação da prevenção geral e especial como seus únicos fins.

Essa discussão não se põe no âmbito da dogmática penal brasileira, em que a *reprovação* fundada na culpabilidade e a *prevenção* como necessidade de proteção do bem jurídico estão claramente definidas como sendo o objetivo do trabalho judicial na fixação da pena. Nos termos do art. 59, a pena será estabelecida "conforme seja necessário e suficiente para *reprovação* e *prevenção* do crime". A lei, no entanto, não determina o grau de influência de cada uma dessas finalidades. Assim, pode o intérprete entender que a tônica deve ser dada à *prevenção*, para a proteção dos bens jurídicos relevantes socialmente e, por isso, protegidos pela lei penal, atuando a *culpabilidade como o marco limitador* da sanção, pois a pena justa não pode passar da que decorre da reprovabilidade da conduta do autor. A sanção prisional só se explica quando necessária à prevenção. Por isso é que a pena de prisão, a ser cumprida em presídios definidos pelo relatório da Comissão da Câmara dos Deputados, em 1975, como verdadeiras sucursais do inferno, e que de lá para cá somente se degradaram, constituindo-se em estabelecimentos abaixo do mínimo exigido pela dignidade humana, conforme diariamente nos mostram os noticiários da imprensa, a pena de prisão, dizia, somente está legitimada quando, autorizada pelo juízo de culpabilidade e dentro do seu limite, é socialmente útil, isto é, se a liberdade do agente constitui perigo real de grave ofensa à convivência em sociedade. Fora disso, a pena privativa de liberdade é desnecessária e, portanto, contrária ao disposto no art. 59 do CP.

74. Circunstâncias legais

As *circunstâncias legais* já estão definidas na lei, daí o nome, e podem estar na parte geral (circunstâncias legais genéricas), aplicáveis a qualquer delito, ou na parte especial (circunstâncias legais especiais), ligadas a um ou mais tipos de crime (ex. arts. 14 e 15 da Lei 9.605/1998, sobre crimes ambientais).

75. Circunstâncias legais genéricas

As circunstâncias legais genéricas são: *agravantes*, previstas nos arts. 61 e 62 (concurso de pessoas); *atenuantes*, nos arts. 65 e 66; *causas de aumento*, previstas no art. 29, § 2º (participação dolosamente distinta), art. 70 (concurso formal); art. 71 (crime continuado); e *causas de diminuição*, enumeradas no art. 14, parágrafo único (tentativa); art. 24, § 2º (estado de necessidade); art. 26, parágrafo único (semi-imputabilidade); art. 28, § 2º (embriaguez); art. 29, § 1º (participação de menor importância).

76. Agravantes e atenuantes

Distinção das causas de aumento e de diminuição. As agravantes e as atenuantes distinguem-se das causas de aumento ou de diminuição, porque aquelas não têm prefixados os quantitativos de sua influência para a fixação da pena, ao passo que as causas de aumento ou diminuição atuam segundo critérios já determinados, por exemplo: o dobro, metade, ou dentro de certos limites, de um a dois terços, de um sexto à metade, etc. Enquanto as atenuantes e agravantes alteram a pena dentro dos limites mínimo e máximo, as causas de aumento ou diminuição podem levar a pena para além do máximo ou reduzi-la para aquém do mínimo.

A regra do art. 285 da Lei 4.737/1965, Código Eleitoral, é uma exceção: "Quando a lei determina a agravação ou atenuação da pena sem mencionar o *quantum*, deve o juiz fixá-lo entre um quinto e um terço, guardados os limites da pena cominada ao crime". Também tem quantitativo definido o efeito da reincidência em crime eleitoral: a pena pecuniária será aplicada em dobro, conforme arts. 73, § 6º, e 90, § 2º, da Lei 9.504/1997.

77. Reincidência

Das agravantes, cabe referir a reincidência (art. 63). Nunca é demais acentuar que ela somente ocorre, se o segundo fato é posterior ao trânsito em julgado da sentença relativa ao fato anterior. A sucessão pode ser entre crime doloso e culposo (STF. HC 100.006/RJ, Primeira Turma, ac. de 02.02.2010). Se o segundo fato é um crime e este está sendo objeto de julgamento, haverá a reincidência se a condenação anterior for por outro crime (não, se a condenação anterior for por contravenção); se a infração em julgamento é uma contravenção, haverá reincidência, se o fato anterior for uma contravenção ou um crime.

A Parte Geral do Código Penal define apenas a reincidência e, em oposição a esse conceito, emprega-se o de não reincidência. Na Parte Especial do Código Penal, há disposições mencionando o réu primário (art. 155, § 2º). Réu não reincidente é um conceito genérico, aplicável: a) ao réu primário, que nunca foi condenado anteriormente; b) ao réu já condenado por crime ou contravenção anterior, mas não de forma a caracterizar a reincidência, seja porque o segundo fato não foi posterior à sentença definitiva, seja porque o fato anterior era uma contravenção, e o posterior, um crime; c) ao réu que retornou à primariedade após a caducidade do efeito da primitiva sentença condenatória, na forma do art. 64, I; d) ao réu anteriormente condenado por crime militar próprio ou político (art. 64, III); e) ao réu condenado na forma do art. 76 da Lei 9.099/1995.

O réu não reincidente goza de certos benefícios legais, como o de iniciar a execução da pena privativa de liberdade em regime semiaberto ou aberto; obter a substituição da pena privativa de liberdade pela restritiva de direito ou pela pena de multa. O não reincidente em crime doloso pode receber a substituição da pena (art. 44, II) e o *sursis* (art. 77, I).

A Lei 9.099/1995, dos Juizados Especiais Estaduais Cíveis e Criminais, retirou qualquer efeito da condenação imposta ao réu nos termos do art. 76, § 4º (aplicação imediata de pena restritiva de direitos ou multas). De outra parte, a mesma lei criou outro tipo de registro negativo, feito em razão da condenação na forma desse artigo, a qual deverá constar de certidão de antecedentes criminais extraída para o fim de ser examinada a possibilidade da aplicação do benefício do art. 76 (art. 76, § 2º, II, e § 6º).

A reincidência específica agrava a pena em maior grau do que a recidiva genérica (STF. HC 101.918/MS, Primeira Turma, ac. de 11.05.2010).

A reincidência é agravante de aplicação obrigatória, tendo o STJ reformado as decisões do TJ/RS em sentido contrário (STJ. REsp. 843.329/RS, Quinta Turma, ac. de 20.03.2007).

O decurso do prazo de cinco anos do art. 64, I, do CP, entre a data de cumprimento e da extinção da pena e o novo crime, faz cessar o efeito da reincidência, que deixa de ser considerada uma agravante. Apesar disso, aquela condenação pode ser considerada como conduta reprovável, a implicar o aumento da pena-base (STF. RHC 106.814/MS, Primeira Turma, ac. de 08.02.2011) e impedir a diminuição prevista no art. 33, § 4º, da Lei de Drogas (STF. HC 97.390/SP, Primeira Turma, ac. de 31.08.2010).

78. Militar

No Código Penal Militar, as agravantes previstas nas alíneas "g" e "i" do inciso II do art. 70 do CPM, devem ser afastadas por integrarem o próprio conceito de crime penal militar, nos termos do seu art. 9º, II, "c" (STJ. REsp. 555.396/MS, Sexta Turma, ac. de 20.04.2010).

79. Atenuantes

A mais importante das atenuantes é a menoridade (ser o agente menor de 21 anos na data do fato, art. 65, I).

Prevalece sobre todas as circunstâncias dos arts. 61 a 66, inclusive sobre a reincidência.

A confissão espontânea, "ainda que parcial, é circunstância que sempre atenua a pena (art. 65, III, "d"), o qual não faz qualquer ressalva no tocante à maneira como o agente a pronunciou" (STF. HC 82.337/RJ, Primeira Turma, ac. de 25.02.2003). O STJ tem entendimento ainda mais extensivo: pouco importa que a admissão da prática do ilícito foi espontânea ou não, integral ou parcial, ou se houve retratação em Juízo (STJ. HC 146.825/MS, Quinta Turma, ac. de 17.06.2010). No entanto, deve-se ponderar que a espontaneidade é requisito legal (art. 65, III, "d"), e a retratação em juízo pode resultar exatamente da falta de espontaneidade da prestada perante a autoridade policial, que seria, por isso, desvaliosa para o julgamento.

80. Qualificadoras

As circunstâncias legais previstas na Parte Especial do Código Penal são as qualificadoras, as causas de aumento e as de diminuição da pena.

As qualificadoras caracterizam-se por alterar os limites mínimo-máximo da pena cominada ao crime, formando um tipo derivado (ex: arts. 121, § 2°; 155, § 4°), por isso mesmo consideradas para a classificação do crime. Em alguns casos, elas apenas modificam o limite máximo (arts. 180, § 4°; 290, parágrafo único).

81. Causas de aumento e de diminuição (majorantes ou minorantes)

As causas de aumento ou diminuição da Parte Geral do Código Penal devem sempre ser aplicadas. Mas, havendo duas causas de aumento ou duas causas de diminuição na Parte Especial, o juiz pode aplicar apenas uma delas, a que mais influa no cálculo. Isso quer dizer que a aplicação é facultativa apenas quando houver duas causas de aumento ou duas de diminuição, ambas da Parte Especial (art. 68, parágrafo único).

Sobre causas de aumento e diminuição, vale recordar:

i) Leis esparsas instituíram novas causas, de que são exemplos: Lei 8.072/1990, sobre crimes hediondos, art. 8º, parágrafo único, e art. 9º, que dispuseram sobre causas de aumento e diminuição para crimes tipificados no Código Penal; Lei 9.503/1997, Código de Trânsito Brasileiro, arts. 302 e 303, sendo que a do art. 302, parágrafo único, inc. IV, aplica-se ao motorista profissional (STJ. HC 115.301/SC, Quinta Turma, ac. de 09.03.2010); Lei 9.605/1998, sobre meio ambiente, art. 29, § 4º

ii) Novas leis que alteraram o Código Penal, dispondo sobre causas de aumento ou de diminuição (Lei 9.983, de 14.07.2000, arts. 168-A, 313-B e 337-A, § 3º; Lei 10.268, de 28.08.2001, arts. 342, § 1º; e 343 do CP; Lei 10.741/2003, Estatuto do Idoso, arts. 96, § 2º; 97, parágrafo único; Lei 11.105/2005, sobre biossegurança, cujo art. 27 refere alguns casos de aumento de pena, que trata como se fossem agravantes; Lei 11.343/2006, sobre drogas, arts. 33, § 4º; arts. 40, 41 e 46.

iii) No roubo, o uso de arma de brinquedo não configura causa de aumento do art. 157, § 2º, I, do CP (STJ. HC 17.459/SP, Sexta Turma, ac. de 11.12.2001; STJ. REsp. 316.206/SP, Quinta Turma, ac. de 13.05.2003; STJ. REsp. 442.075/RS, Quinta Turma, ac. de 22.04.2003; STJ. HC 94.956/DF, Quinta Turma, ac. de 21.08.2008). Súmula 174 do STJ, cancelada.

iv) A causa de diminuição do arrependimento posterior não incide quando a quantia apropriada indevidamente foi restituída após o recebimento da denúncia (STF. HC 99.803/RJ, Segunda Turma, ac. de 22.06.2010).

v) Delitos de latrocínio contra vítimas diversas (marido e mulher), com subtração de mais de um patrimônio, caracterizam o concurso formal de crimes, e não crime único (STJ. HC 122.061/RS, Quinta Turma, ac. de 03.05.2011).

vi) "Tratando-se de quatro homicídios qualificados, praticados pelo mesmo réu contra vítimas diferentes, mas nas mesmas condições de tempo, lugar e modo de execução, incide a regra do parágrafo único do art. 71 do CP, e não do seu *caput*, pois se cuida de crime continuado específico, aquele que atinge bens personalíssimos" (STJ. HC 130.742/MG, Quinta Turma, ac. de 22.06.2010).

vii) Estupro. A Lei 12.015/2009 alterou substancialmente a disciplina dos crimes contra a liberdade sexual. A nova lei revogou o art. 214 do CP, que tipificava o atentado violento ao pudor, e alterou a redação do art. 213 (estupro), para nele incluir, além da conjunção carnal, que antes caracterizava o estupro, "outro ato libidinoso", conduta que integrava o tipo do atentado violento ao pudor (art. 214). O atual tipo do art. 213 reúne, assim, duas condutas diversas, o que permitiu à Quinta Turma do STJ entender que se tratava de "tipo misto acumulativo", não havendo falar em crime único, nem em continuidade delitiva, porque as condutas não são homogêneas.[3] Em sentido contrário, aplicando a Lei 12.015/2009, no HC 144.870/DF, a Sexta Turma decidiu: "Ordem concedida a fim de, reconhecendo a prática do crime de estupro e atentado violento ao pudor como *crime único*, anular a sentença no que tange à dosimetria da pena, determinando que nova reprimenda seja fixada pelo juiz das execuções" (STJ. HC 144.870/DF, Sexta Turma, ac. de 09.02.2010).

Já o STF, aplicando a lei nova a fatos ocorridos antes da vigência da Lei 12.015/2009, reconheceu que estava afastado o óbice ao reconhecimento da continuidade

---

[3] Voto vencedor do Ministro Felix Fischer no HC 14.724/MS, 5ª. Turma, ac. de 22.06.2010, citando FRAGOSO, Heleno Cláudio. *Lições de Direito Penal*: parte geral. Rio de Janeiro: Forense, 2003. p. 193, e TUBENCHLAK, James. *Teoria do Crime*: um estudo do crime através das suas divisões. Rio de Janeiro: Forense, 1978. p. 34.

delitiva entre o estupro e o atentado violento ao pudor, cometidos antes da vigência da Lei 12.015/2009, e deferiu a ordem para excluir o concurso material de crimes (STF. HC 99.544/RS, Segunda Turma, ac. de 26.10.2010; no mesmo sentido: STF. HC 99.808/RS, Segunda Turma, ac. de 21.09.2010).

Três, portanto, as correntes, que estão a exigir uniformização: não há homogeneidade entre estupro com conjunção carnal e mediante outro ato libidinoso, afastado o crime único e a continuidade (Quinta Turma do STJ); há continuidade delitiva (Segunda Turma do STF); há crime único (Sexta Turma do STJ).

viii) Não foi reconhecida a continuidade, para o fim de unificação de penas, de crimes praticados em lugares distintos, por condutas criminosas variadas (STF. HC 100.380/SP, Primeira Turma, ac. de 11.05.2010).

ix) A causa de aumento pelo concurso de agentes (art. 29) não desaparece com a morte de um dos corréus (STJ. HC 93.933/SP, Quinta Turma, ac. de 11.11.2008).

x) Não se aplica ao agente público autor do crime de tortura a causa de aumento do art. 1º, § 4º, I, da Lei 9.455/1997 (tortura), por se entender que o conceito de autoridade (explicitado no art. 5º da Lei 4.898/1965, sobre abuso de autoridade), é elemento normativo do tipo daquele crime (STJ. HC 27.290/SC, Quinta Turma, ac. de 04.12.2003).

82. Causas de aumento e diminuição no crime de drogas

a) A Lei 11.343/2006 não prevê, como causa de aumento, a associação eventual para o crime de tráfico (STJ. HC 85.282/SP, Quinta Turma, ac. de 25.10.2007).

b) A causa de aumento do art. 40 da Lei 11.343/2006 não pode ser aplicada por analogia a outras situações que não aquelas enumeradas nos seus incisos (STJ. HC 135.889/MG, Sexta Turma, ac. de 17.03.2011).

c) Os crimes de tráfico de drogas e associação para o tráfico são autônomos, admitindo a condenação pelos dois crimes, em concurso material (STJ. HC 150.736/MS, Sexta Turma, ac. de 17.03.2011).

d) Preenchidos os requisitos do art. 33, § 4º, da Lei 11.343/2006 (drogas), é de rigor a aplicação da causa de diminuição ali prevista (STJ. HC 105.956/SP, Quinta Turma, ac. de 16.12.2010).

e) Mas a causa de diminuição do art. 33, § 4º, da Lei 11.343/2006, não necessariamente deve reduzir a pena em seu grau máximo (2/3), apesar de o réu possuir bons antecedentes e boa conduta social, se houver outras circunstâncias desfavoráveis (STF. HC 100.755/AC, Segunda Turma, ac. de 20.04.2010). Não tendo a lei indicado parâmetros para a escolha entre o mínimo e o máximo da diminuição do art. 33, § 4º, o juiz deve considerar, para tanto, as circunstâncias judiciais (STJ. HC 143.152/GO, Quinta Turma, ac. de 22.03.2011). Entendeu-se que a posse de quatro gramas de maconha justificava a diminuição no grau máximo previsto no art. 33, § 4º da Lei 11.343/2006 (STJ. HC 98.886/RJ, Sexta Turma, ac. de 22.02.2011).

f) Na aplicação do art. 33, § 4º, foi escolhido o índice de 2/3 para o caso de pequena quantidade de droga apreendida, dezesseis gramas de cocaína e 39 gramas de maconha (STJ. HC 168.679/SP, Sexta Turma, ac. de 05.08.2010).

g) Idem, diminuição de 1/6, considerando a quantidade, natureza e diversidade da droga (STJ. HC 168.476/ES, Quinta Turma, ac. de 25.11.2010). Mesmo índice foi usado para caso de apreensão de nove quilos de cocaína (STJ. HC 118.655/RJ, Quinta Turma, ac. de 09.03.2010); ou de 1,540 kg de *crack* (STJ. HC 150.406/SP, Quinta Turma, ac. de 15.02.2011).

h) Apesar do decurso do prazo de cinco anos do art. 64, I, a existência de condenação anterior pelo mesmo crime caracteriza maus antecedentes e demonstra reprovável conduta social, a impedir a aplicação da causa de diminuição do art. 33, § 4°, da Lei 11.343/26 (STF. HC 97.390/SP, Primeira Turma, ac. de 31.08.2010).

i) A incidência da causa de diminuição do art. 33, § 4° da Lei 11.343/2006 não exclui a equiparação do delito de tráfico de drogas aos crimes hediondos (STJ. HC 174.339/MS, Quinta Turma, ac. de 17.03.2011).

j) Além da redução da pena prevista no § 4° do art. 33 da Lei de Drogas, é possível a conversão em pena restritiva de direito, uma vez que foi julgada inconstitucional a proibição ali prevista (STF. HC 97.256/RS, Tribunal Pleno, ac. de 01.09.2010).

k) O art. 46 da Lei 11.343/2006 prevê a diminuição de 1/3 a 2/3 se o agente não possuía a plena capacidade de entendimento ou de determinação.

83. Roubo. Arma

Sobre a causa de aumento da pena do crime de roubo pelo emprego de arma (art. 157, § 2°, I), a questão referente à lesividade de arma de fogo empregada no crime de roubo tem propiciado decisões divergentes:

a) julgado do Pleno do STF: "Não se mostra necessária a apreensão e perícia da arma de fogo empregada no roubo para comprovar o seu potencial lesivo, visto que tal qualidade integra a própria natureza do artefato" (STF. HC 96.099/RS, Tribunal Pleno, ac. de 19.02.2009, por maioria). No mesmo sentido: "O reconhecimento da causa de aumento prevista no art. 157, § 2°, I, prescinde da apreensão e da realização de perícia na arma, quando provado o seu uso no roubo, por outros meios de prova" (STF. HC 99.446/MS, Segunda Turma, ac. de 18.08.2009);

b) no STJ prevalece o mesmo entendimento: "A ausência de perícia na arma, quando impossibilitada sua realização, não afasta a causa especial de aumento prevista no inc. I, do § 2°, do art. 157 do CP, desde que existentes outros meios aptos a comprovar o seu efetivo emprego na ação delituosa. [...] O firme e coeso depoimento da vítima é, só por si só, hábil a comprovar o emprego da arma de fogo no delito de roubo" (STJ. HC 172.383/RJ, Quinta Turma, ac. de 22.03.2011); também assim no caso de emprego de arma branca: "É desinfluente para o reconhecimento da causa de aumento inserta no inc. I do § 2º do art. 157 a não apreensão da arma se a prova oral certifica o seu emprego no roubo, mormente se se cuida de arma branca" (STJ. HC 91.294/SP, Sexta Turma, ac. de 17.12.2007);

c) em sentido contrário, ac. da Segunda Turma do STF: "A aplicação da causa de aumento de pena prevista no art. 157, § 2º, I, do CP, somente é possível com a comprovação, via laudo pericial, da potencialidade lesiva da arma de fogo" (STF. HC 94.023/RJ, Segunda Turma, ac. de 10.11.2009). No mesmo sentido: "Emprego de arma de fogo. Instrumento não apreendido nem periciado. Ausência de disparo. Dúvida sobre a lesividade. Ônus da prova que incumbia à acusação. Causa de aumento excluída" (STF. HC 95.142/RS, Segunda Turma, ac. de 18.11.2008).

84. Circunstância. Alteração da pena

Certas circunstâncias da parte especial não qualificam o crime, nem aumentam ou diminuem a pena, mas determinam a aplicação de uma outra pena, como acontece nos casos dos arts. 302, parágrafo único, e 227, § 3º, em que o fim de lucro impõe também a pena de multa.

85. Homicídio privilegiado. Furto privilegiado

A circunstância do § 1º do art. 121 (homicídio privilegiado) é, na verdade, uma causa especial de diminuição da pena.

A circunstância do § 2º do art. 155 pode funcionar ou como causa especial de diminuição, ou como regra especial de substituição da pena de reclusão pela de detenção ou pela substituição da pena privativa de liberdade pela de multa. A Terceira Seção do STJ uniformizou o entendimento de que o privilégio do art. 155, § 2º, é compatível com as qualificadoras do crime de furto (art. 155, § 4º), desde que estas sejam de natureza objetiva e que o fato delituoso não tenha maior gravidade (STJ. EREsp. 842.425/RS, Terceira Seção, ac. de 24.08.2011. Tratava-se de crime de furto mediante concurso de agentes).

III – CÁLCULO DA PENA

86. Procedimento judicial

Feita a classificação do delito, com o emprego das elementares do crime e mais as circunstâncias qualificadoras incluídas em tipos derivados, deve o juiz escolher a pena aplicável, no caso de ser alternativa a cominação.

Em seguida, passará ao cálculo da pena, obedecendo ao método preconizado no art. 68: 1º) pena-base, com as circunstâncias judiciais do art. 59; 2º) pena provisória, com as circunstâncias agravantes e atenuantes da parte geral; 3º) pena definitiva, com as causas de aumento ou de diminuição.

> A pena deve ser fixada com fundamentação concreta e vinculada, tal como exige o próprio princípio do livre convencimento fundamentado (arts. 157, 381 e 387 do CPP c/c o art. 93, inc. IX, segunda parte, da Constituição de 1988). Ela não pode ser estabelecida acima do mínimo legal com supedâneo em referências vagas ou dados integrantes da própria conduta tipificada (STJ. HC 134.664/MS, Quinta Turma, ac. de 17.11.2009).

Inexistindo elementos suficientes para formulação de apreciação desfavorável ao réu, relativamente a cada uma das circunstâncias, a pena não pode ser elevada.

Se não existirem circunstâncias ou causas modificativas, a primeira fase já definirá a pena final.

87. Método trifásico

O método adotado é, sem dúvida, o trifásico (STJ. REsp. 86.097/SP, Sexta Turma, ac. de 21.10.1997), não podendo integrar o cálculo da primeira fase o fator que deveria ser considerado na segunda, ou na terceira (STJ. REsp. 154.815/RJ, Sexta Turma, ac. de 19.03.1998: "Circunstância a ser considerada na segunda etapa (atenuante) não pode integrar o cálculo da pena-base"; no mesmo sentido: STJ. HC 9.404/PR, Sexta Turma, ac. de 08.06.1999; STJ. REsp. 118.878/RJ, Sexta Turma, ac. de 11.12.1997). Por essa mesma razão, não se pode compensar circunstância agravante ou atenuante com causa de aumento ou de diminuição, pois são espécies que devem ser consideradas em momentos distintos (STJ. REsp. 1.024.803/RJ, Quinta Turma, ac. de 23.09.2008).

88. Nulidade

A desobediência ao critério trifásico pode gerar nulidade: "É nulo o capítulo decisório da sentença condenatória que, sem observar os cálculos segundo o critério trifásico, considera, para efeito de fixação da pena-base, os maus antecedentes e a reincidência do réu" (STF. RHC 84.295/RJ, Primeira Turma, ac. de 29.11.2005). No mesmo sentido, acórdão do STJ: "A inobservância do critério trifásico (art. 68), com a pena sendo fixada, em ordem equivocada, acima do mínimo, gera nulidade absoluta" (STJ. REsp. 194.218/MG, Quinta Turma, ac. de 05.08.1999).

A invalidade atinge o capítulo da sentença relativo ao cálculo da pena, na parte em que teria havido a ilegalidade, permanecendo a decisão condenatória.

Porém, não é de ser reconhecida a nulidade a pedido do réu se a pena foi fixada no mínimo, dela não lhe resultando prejuízo: "Não há nulidade na fixação da pena no mínimo legal, ainda que desconsiderado o critério trifásico. Ausência de prejuízo" (STJ. HC 13.562/SP, Sexta Turma, ac. de 13.03.2001).

Havendo excesso na fixação da pena, basta o recurso de apelação do réu para que o Tribunal revise o cálculo, ainda que a defesa não tenha alegado o defeito (STJ. HC 174.627/ES, Quinta Turma, ac. de 04.04.2011).

89. Competência para examinar o equívoco

O defeito na aplicação de pena acima do mínimo autoriza o tribunal a reconhecer a nulidade da sentença, nessa parte, e desde logo "promover o ajuste normativo" (STJ. REsp. 197.071/CE, Sexta Turma, ac. de 30.06.1999). Assim, ponderada como judicial e como agravante a mesma circunstância, há ilegalidade flagrante, que autoriza o Tribunal a reduzir a pena através de *habeas corpus* (STJ. HC 100.370/SP, Sexta Turma, ac. de 23.11.2010).

A redefinição da pena na via estreita do *habeas corpus* tem sido admitida, quando houver desacerto na apreciação de circunstância judicial ou desatenção ao método trifásico, equívocos que podem ser de logo reparados "se não for necessária uma análise aprofundada do conjunto probatório e se se tratar de flagrante ilegalidade" a prejuízo do réu (STJ. HC 134.664/MS, Quinta Turma, ac. de 17.11.2009). Se a nova definição da pena depender do reexame de matéria de fato, é caso de anulação do capítulo da aplicação e devolução dos autos para o novo cálculo. Assim, a Quinta Turma, no HC 17.664/SP, manteve o mérito da condenação, e determinou a renovação da sentença "no tocante à fixação da pena e do regime prisional" (STJ. HC 17.664/SP, Quinta Turma, ac. de 27.11.2001).

Anulado o capítulo sobre a aplicação da pena e determinado o retorno dos autos, não cabe ao Tribunal determinar desde logo o regime inicial de cumprimento (STF. HC 85.792/SP, Segunda Turma, ac. de 21.10.2008). Provida a apelação contra sentença absolutória, cabe ao Tribunal fixar a pena (STF. RHC 100.686/SP, Segunda Turma, ac. de 02.02.2010). O erro de cálculo contra o qual não tenha se insurgido o MP não pode ser corrigido em desfavor do condenado (STJ. HC 68.373/RO, Sexta Turma, ac. de 09.06.2009).

90. Lei no tempo

Na sucessão de leis penais no tempo, sabe-se que a lei nova retroage para favorecer o réu. Mas não se admite a "combinação de leis no tempo" para permitir a incidência parcial da lei antiga e da nova, formando uma terceira lei. (STJ. EREsp 1094499/MG, Terceira Seção, ac. de 12.05.2010). "O entendimento deste STF é no sentido de que não é possível aplicar a causa de diminuição prevista no art. 33, § 4º, da Lei 11.343/2006 (Lei de drogas), à pena-base relativa à condenação por crime cometido na vigência da Lei 6.368/1976, sob pena de se estar criando uma nova lei que conteria o mais benéfico dessas legislações" (STF. RHC 101.278/RJ, Primeira Turma, ac. de 27.04.2010; no mesmo sentido: STJ. HC 12.6381/MS, Quinta Turma, ac. de 02.03.2010).

A Lei 11.464/2007, que deu nova redação à lei dos crimes hediondos e dispôs sobre o regime de pena, deve ser aplicada apenas aos fatos ocorridos após sua vigência. "Quanto aos crimes hediondos cometidos antes da entrada em vigor do mencionado diploma legal, a progressão de regime está condicionada ao preenchimento dos requisitos do art. 112 da Lei de Execuções Penais" (STF. AI AgrEd. 698.309/SP, Primeira Turma, ac. de 27.10.2009).

91. Pena-base

A garantia constitucional da individualização exige a fundamentação de todas as opções decisórias do juiz na fixação da pena. Portanto, para estabelecer a pena-base, deve ele considerar cada uma das circunstâncias do art. 59, enumerando todas as que se encontrem presentes nos autos e sejam relevantes, explicitando o modo pelo qual se realizam no caso em julgamento e indicando os fatos reveladores. Isso não significa, porém, que esteja o juiz obrigado a analisar exaustivamente cada uma das circunstâncias previstas no art. 59, "bastando fixar-se nas reputadas decisivas para a dosagem" (STF. HC 70.303/SP, Segunda Turma, ac. de 22.03.1994). Não são admissíveis as fórmulas genéricas, nem as conclusões sem embasamento nos fatos provados.

No concurso de agentes, a análise deve ser feita individualizadamente; mas, "havendo identidade de condutas, é lícita a fundamentação comum para fixar a pena-base" (STF. RHC 88.404/RJ, Segunda Turma, ac. de 20.06.2006).

O defeito na fundamentação da pena-base é irrelevante, se fixada no mínimo (STJ. HC 13.903/SP, Sexta Turma, ac. de 24.10.2000).

92. Pena-base. Quantificação

Se todos os fatores forem favoráveis ao réu, a pena-base deve ficar no mínimo (STJ. HC 10.425/RS, Quinta Turma, ac. de 16.11.1999: "Se as circunstâncias judiciais do art. 59 do CP foram consideradas, todas, favoráveis ao agente, carece de suporte jurídico o apenamento básico acima do mínimo legal"). Se houver circunstância desfavorável, deve afastar-se daí (RJTJRS, 104/159, 98/177; STJ. HC 134.664/MS, Quinta Turma, ac. de 17.11.2009).

Não se admite que o cálculo da pena-base já se inicie pelo termo médio, que corresponde à metade da soma do mínimo com o máximo. Conforme tendência jurisprudencial de todos os países, o cálculo da pena inicia-se próximo do mínimo, e não do máximo. É certo que, para alguns fatos, cujas circunstâncias, embora apenas judiciais, revelem tão intensa gravidade, justifica-se pena aproximada do máximo: "É em tese válida a fixação da pena-base no limite máximo, já na primeira fase de aplicação da pena, desde que a majoração esteja amparada em fundamentos que guardam coerência lógica com a apenação imposta (v.g. HC 70.931 e HC 72.992" (STF. HC 92.956/SP, Primeira Turma, ac. de 01.04.2008). Mas isso é excepcional, pois o comum é reservar as dosagens mais altas para os casos em que presentes circunstâncias agravantes ou causas de aumento.

De outra parte, a primariedade e os bons antecedentes podem justificar com suficiência a escolha do mínimo legal: "Réu primário e de bons antecedentes. Diante da vida pregressa irreprochável, o juiz deve, tanto quanto possível e quase sempre o será, fixar a pena-base no mínimo previsto para o tipo, contribuindo, com isso, para a desejável ressocialização do condenado" (STF. HC 72.842/MG, Segunda Turma, ac. de 18.12.1995).

No Rio Grande do Sul, o Juiz Ruy Rosado de Aguiar Neto adota o seguinte critério para definir a pena-base: o máximo da pena-base corresponderá ao segundo termo médio, e a elevação do mínimo será feita na medida em que presentes circunstâncias judiciais desfavoráveis. Assim, por exemplo, na pena privativa de liberdade cominada em um a três anos de reclusão, o primeiro termo médio (metade da soma do mínimo com o máximo) é dois anos; o segundo termo médio (metade da soma do mínimo de um ano com o termo médio de dois anos) é um ano e seis meses, ou dezoito meses. Esse será, em princípio, o máximo da pena-base, que será elevada a partir do mínimo na proporção em que houver circunstâncias judiciais desfavoráveis. O sistema é bom como critério orientador, desde que não passe de um simples guia, a ser abandonado sempre que o recomendar o caso concreto.

No concurso de agentes, a avaliação das circunstâncias pode ser conjunta, se as circunstâncias judiciais são idênticas (STF. HC 93.234/SP, Segunda Turma, ac. de 11.03.2008).

Não havendo elementos suficientes para a aferição das judiciais, não cabe elevar a pena-base.

93. Pena-base e a substituição da pena

Quando a pena mínima cominada ao crime é também o limite para a concessão da substituição ou do *sursis*, o juiz deve ponderar se a circunstância desfavorável, determinante da possível elevação da pena acima do mínimo, é suficientemente grave para justificar a denegação do benefício. De resto, essa reflexão deve ser feita sempre que a atuação de qualquer circunstância implicar a incidência de outra regra, favorável ou desfavorável ao agente.

94. Pena-base. Critérios

Para a pena-base, como já se viu, não são ponderados os fatores que integram o tipo básico ou derivado. Sempre é preciso atentar para que a gravidade própria do delito não influa na pena-base, uma vez que "a gravidade abstrata do delito já foi levada em consideração pelo legislador para a cominação das penas mínima e máxima" (STF. HC 92.274/MG, Primeira Turma, ac. de 19.02.2008. Naquele julgamento também foi afastada a consideração, na pena-base, do prejuízo ao erário público, porque elementar do crime contra a ordem tributária). Não interessam as circunstâncias que, ou já atuaram como qualificadoras (indicando os limites da pena), ou irão atuar como agravantes, atenuantes, causas de aumento ou diminuição. A reincidência, por exemplo, uma vez caracterizada, apenas agravará a pena, mas não influirá sobre a pena-base a título de maus antecedentes (STF. HC 94.692/SP, Segunda Turma, ac. de 14.09.2010).

Havendo duas qualificadoras, "uma pode servir para qualificar o delito e a outra (atuar) como circunstância judicial desfavorável" (STJ. HC 140.442/MS, Sexta Turma, ac. de 25.05.2010).

95. Pena-base. Método do Prof. Boschi

Ao definir o método a ser adotado pelo juiz para estabelecer a pena-base, o Prof. José Antonio Paganella Boschi aponta para o equívoco de "considerar-se a culpabilidade como circunstância judicial, quando todos sabemos que no moderno direito penal essa importantíssima categoria jurídica [...] atua simultaneamente como fundamento para a condenação e como limite não ultrapassável no processo de individualização das penas. [...] Nessa perspectiva, os antecedentes, a conduta, a personalidade, os motivos, as circunstâncias do crime, as consequências e o comportamento da vítima, como importantes ferramentas, estão, isto sim, a serviço da culpabilidade, e não em concurso com ela. Logo, para refletir o avanço da ciência penal e bem situar a culpabilidade na teoria do delito, o art. 59, enquanto não for reescrito, se o for um dia, pode ser lido com o seguinte sentido: 'O juiz, atendendo à culpabilidade estabelecerá, conforme seja necessário e suficiente para a reprovação e prevenção do crime, a pena'".[4]

---

[4] BOSCHI, José Antonio Paganella. *Das penas e seus critérios de aplicação*. 5. ed. rev., atual. e ampl. Prefácio à 1ª ed. de Ruy Rosado de Aguiar Júnior. Porto Alegre: Livraria do Advogado, 2011, p. 190-191.

Na apresentação que fiz do seu excelente livro "Das Penas e seus critérios de aplicação", quando da primeira edição, assim comentei: "Não posso deixar de concordar com o acerto da tese. Sendo a culpabilidade apurada por um juízo de censura sobre o agente, a pena-base será estabelecida considerando-se, em trabalho único, o conjunto de fatores que concorreram para aquela reprovação, nas circunstâncias objetivas e subjetivas do delito. É certo que a explicitação feita no art. 59, enumerando esses elementos, facilita o trabalho judicial e sua fundamentação, permitindo às partes o claro conhecimento das suas razões. Porém a tese defendida neste livro permite a exata compreensão do conteúdo e do significado da fixação da pena--base, realçando a culpabilidade como o ponto central da atenção do juiz".

96. Pena-base. Tráfico de entorpecentes

Segundo o art. 42 da Lei 11.343/2006, o juiz deverá considerar, para a definição da pena-base, preponderantemente, não as judiciais do art. 59, mas "a natureza e a quantidade da substância ou do produto, a personalidade e a conduta social do agente". As demais circunstâncias só secundariamente influirão.

Daí os precedentes: (a) a quantidade e a qualidade da droga apreendida são circunstâncias externas que devem ser consideradas para a determinação da pena-base (STJ. HC 22.791/RJ, Quinta Turma, ac. de 22.10.2002; idem: STJ. HC 19.508/RJ, Quinta Turma, ac. de 26.03.2002; idem: STJ. HC 10.615/MS, Quinta Turma, ac. de 09.11.1999; (b) "Na avaliação das circunstâncias legais para fixação da pena, em se tratando de tráfico de entorpecentes, devem influir decisivamente a espécie e a quantidade da droga. O tipo de entorpecente é dado que indica o grau de nocividade para a saúde pública, correlato ao indicador das consequências do crime; a quantidade, quase sempre, aponta para o grau de envolvimento do infrator com o odioso comércio, indicando a medida de sua personalidade perigosa" (STJ. HC 13.231/MS, Quinta Turma, em ac. de 22.08.2000); (c) "A primariedade e os bons antecedentes do réu não bastam para justificar a imposição da pena em grau mínimo, se ficar evidenciada a extrema gravidade da conduta delituosa (tráfico de grande quantidade de cocaína) e, consequentemente, a periculosidade do agente (art. 59 do CP)" (STF. HC 72.730/SP, Primeira Turma, ac. de 24.10.1995).

No crime de tráfico, o lucro fácil integra o próprio tipo, e a tentativa de esconder a droga não autoriza a elevação da base (STJ. HC 139.535/MS, Quinta Turma, ac. de 18.05.2010), nem a quantidade de 28 buchas de maconha (STJ. HC 173.076/ES, Quinta Turma, ac. de 15.02.2011), ou dois gramas de *crack* (STJ. HC 126.381/MS, Quinta Turma, ac. de 02.03.2010).

97. Segunda fase

Na *segunda fase*, serão consideradas as agravantes e atenuantes.

Se a pena-base já está no mínimo, a presença de uma atenuante não ocasiona nenhuma modificação, pois a atenuante não tem força de trazer a pena para aquém do limite cominado (STJ. REsp. 156.432/RS, Quinta Turma, ac. de 28.09.1999; STJ. REsp. 146.056/RS, Quinta Turma, ac. de 07.10.1997). Por isso é que, se o juiz não considera uma atenuante já existente, a falha será irrelevante se a pena ficou no mínimo.

98. Atenuante e o mínimo legal

Sobre a possibilidade de a pena ser fixada abaixo do mínimo por força de uma atenuante, a jurisprudência tem-se inclinado maciçamente pela negativa (Súmula 231 do STJ; RJTJRS 189/63; 181/147).

Uma atenuante, porém, quando se somar a circunstâncias judiciais todas favoráveis ao réu, não poderia deixar de ser considerada pelo juiz, por uma exigência do princípio da lealdade, é a atenuante do art. 65, III, "d": "ter o agente confessado espontaneamente, perante a autoridade, a autoria do crime". Feita a advertência pelo juiz, no interrogatório, de que a confissão espontânea será causa da atenuação da sua pena, o fato de o réu confessar a autoria do delito e assim fornecer elemento para a sua condenação (que poderia não acontecer à falta de outras provas) cria uma situação irreversível, a exigir do juiz – que usou da confissão para fundamentar a condenação – manter a promessa feita pela lei de que *sempre* seria atenuada a pena do réu que confessasse espontaneamente a autoria do delito. O princípio da boa-fé objetiva, que preside o sistema jurídico e exige de todos um comportamento leal, aplica-se também no âmbito do Direito Penal, a regular as relações do Estado com o réu no processo.

Essa tese, porém, não tem sido acolhida: "Não é admissível admitir a incidência de circunstâncias atenuantes genéricas para fixar a reprimenda abaixo do mínimo legal" (STF. HC 92.742/RS, Primeira Turma, ac. de 04.03.2008). "Não se admite a redução da pena abaixo do mínimo legal, ainda que havendo incidência de atenuante relativa à menoridade do agente e à confissão espontânea. Incidência da Súmula 231 do STJ. Ressalva de que a incidência da atenuante da confissão não pode reduzir a reprimenda aquém do mínimo, ainda que se trate de delito contra a liberdade sexual" (STJ. REsp. 431.265/MT, Quinta Turma, ac. de 17.10.2002. No mesmo sentido: STJ. HC 105.130/PR, Sexta Turma, ac. de 17.03.2011).

99. Concurso de circunstâncias

Havendo duas circunstâncias atuando no mesmo sentido, duas agravantes ou duas atenuantes, ambas influirão sobre a pena-base (RJTJRS 103/174).

No concurso entre agravantes e atenuantes, uma num sentido, outra em outro, será aplicada apenas uma, a circunstância preponderante, assim considerada aquela de natureza subjetiva que resultar dos motivos, da personalidade ou da reincidência (art. 67 do CP).

A menoridade é uma circunstância prevalente sobre todas as outras, inclusive sobre a reincidência, ainda que específica (STJ. HC 136.337/MG, Quinta Turma, ac. de 17.02.2011), devendo a pena, então, aproximar-se do limite indicado pela atenuante da menoridade. "Tem-se considerado, para isso, que o caráter incompleto, imaturo e débil do adolescente é mais sensível às provocações do mundo circundante e ele ainda possui a plenitude da capacidade de motivar livremente a própria conduta, embora tenha a capacidade integral de compreender o lado ruim e ilícito das coisas. Em outros termos, dada sua imaturidade psíquica, ainda não dispõe do pleno domínio sobre os atos e fatos de sua conduta", na lição de Ladislau Fernando Röhnelt, o mais ilustre penalista gaúcho (RJTJRS 113/176).

Se duas circunstâncias antagônicas em concurso forem preponderantes, ou se ambas forem não preponderantes, elas se anulam, e a pena fica imodificada. Se duas circunstâncias se equivalem, uma terceira porventura existente é que determinará o sentido da modificação da pena.

"A reincidência é uma circunstância agravante que prepondera sobre as atenuantes, com exceção daquelas que resultam dos motivos determinantes do crime ou da personalidade do agente, hipóteses em que não se enquadra a confissão espontânea" (STF. RHC 102.957/DF, Primeira Turma, ac. de 27.04.2010). No STJ, há acórdãos da Quinta Turma que comungam desse mesmo entendimento (STJ. HC 138.543/RJ, Quinta Turma, ac. de 19.08.2010), mas também há julgados da Sexta Turma que compensam a agravante da reincidência com a atenuante da confissão espontânea (STJ. HC 132.751/MS, Sexta Turma, ac. de 08.02.2011; STJ. HC 135.666/RJ, Sexta Turma, ac. de 22.02.2011). A divergência, no âmbito do STJ, foi superada no julgamento da Terceira Seção que, por maioria, decidiu compensar a atenuante da confissão espontânea e a agravante da reincidência por serem igualmente preponderantes. Segundo se afirmou, a confissão revela traço da personalidade do agente, indicando o seu arrependimento e o desejo de emenda. Assim, nos, termos do art. 67 do CP, o peso entre a confissão – que diz respeito à personalidade do agente – e a reincidência – expressamente prevista no referido artigo como circunstância preponderante – deve ser o mesmo, daí a possibilidade de compensação (EREsp 1.154.752/RS, julgado em 23.5.2012). A orientação pacificada no STF é no sentido do RHC 102.957, acima citado: entende-se que a confissão não é uma preponderante, pois não diz com a personalidade do agente, sendo apenas uma postura do réu no processo, ditada pela conveniência da sua defesa (STF. HC 99.446/MS, Segunda Turma, ac. de 18.08.2009; STF. HC 71.094/SP, Segunda Turma, ac. de 29.03.1994). Por isso, não se compensa com agravante preponderante (STF. HC 106.514/MS, Primeira Turma, ac. de 01.02.2011).

Não se leva em conta como agravante ou atenuante a que já figura como elementar do crime, qualificadora ou causa de aumento/diminuição. No crime do art. 217-A (estupro de vulnerável), a menoridade da vítima e a impossibilidade de oferecer resistência integram o tipo, não cabendo sua ponderação como circunstâncias judiciais ou legais.

Diante de duas qualificadoras, uma serve para qualificar, e a outra será considerada como agravante, se como tal estiver definida (STJ. HC 110.641/MS, Sexta Turma, ac. de 19.05.2009; STJ. REsp. 1.020.228/SE, Quinta Turma, ac. de 30.05.2008; STJ. HC 90.712/DF, Quinta Turma, ac. de 27.03.2008). Se não, atuará como judicial (STJ. HC 104.071/MS, Sexta Turma, ac. de 07.05.2009; STJ. HC 140.442/MS, Sexta Turma, ac. de 25.05.2010; STJ. HC 143.700/MS, Sexta Turma, ac. de 03.03.2011). Havia julgados admitindo a utilização da segunda qualificadora apenas como circunstância judicial, para o cálculo da pena-base (STJ. RHC 7.176/MS, Sexta Turma, ac. de 19.03.1998; STJ. HC 96.236/MS, Quinta Turma, ac. de 15.05.2008; STJ. HC 29.541/MG, Sexta Turma, ac. de 17.08.2004), mas essa posição, que não é a melhor, parece que está superada.

No concurso entre uma qualificadora e uma privilegiadora, o STF admitiu a "compatibilidade entre as qualificadoras (CP, art. 155, § 4º) e o privilégio (CP, art. 155, § 2º) (STF. HC 98.220/RS, Segunda Turma, ac. de 23.06.2009; STF. HC 99.347/MG, Primeira Turma, ac. de 04.05.2010). Também admitiu a compatibilidade entre a qualificadora do furto, de caráter objetivo, com o furto de pequeno valor do § 2º do art. 155. O entendimento do Tribunal ficou explicado no acórdão assim ementado: "A jurisprudência do STF é firme no sentido do reconhecimento da conciliação entre homicídio objetivamente qualificado e ao mesmo tempo subjetivamente privilegiado. Noutro dizer, tratando-se de circunstância qualificadora de caráter objetivo (meios e modos de execução do crime), é possível o reconhecimento do privilégio (sempre de natureza subjetiva). A mesma regra de interpretação é de ser aplicada no caso concreto. Caso em que a qualificadora do rompimento de obstáculo (de natureza nitidamente objetiva como são todas as qualificadoras do crime de furto) em nada se mostra incompatível com o fato de ser o acusado primário; e a coisa, de pequeno valor" (STF. HC 98.265/MS, Primeira

Turma, ac. de 24.03.2010). O STJ uniformizou entendimento nesse sentido (STJ. EREsp. 842.425/RS, Terceira Seção, ac. de 24.09.2011).

Havendo mais de uma condenação transitada em julgado ao tempo do novo crime, uma poderá caracterizar maus antecedentes (pena-base) e a outra a agravante da reincidência (STJ. HC 134.664/MS, Quinta Turma, ac. de 17.11.2009).

Não cabe compensar agravante com minorante, nem atenuante com majorante, pois são circunstâncias que atuarão em momentos diferentes do processo trifásico (STJ. REsp. 1.024.803/RJ, Quinta Turma, ac. de 23.09.2008).

100. Ponderação de atenuantes e agravantes

A lei, geralmente, não fixa quantidades para a agravação ou a atenuação, o que fica ao prudente critério do juiz. Parece conveniente atender, em princípio, para a proporção de 1umquarto ou um quinto da pena sobre a qual incide. É pertinente a observação constante do acórdão da Quinta Turma do STJ: o peso dessas circunstâncias não deve ir além do limite mínimo previsto para as majorantes e minorantes, sob pena de equiparar as agravantes ou atenuantes às causas modificadoras de maior intensidade (STJ. HC 157.936/RJ, Quinta Turma, ac. de 04.11.2010). E exatamente porque a lei não define quantitativos, "com maior razão se exige fundamentação concreta aos valores aplicados" (STJ. HC 39.086/RJ, Sexta Turma, ac. de 15.03.2005).

101. Terceira fase

A *terceira fase* do cálculo utiliza as causas de aumento ou de diminuição, genéricas (da Parte Geral do Código Penal) ou especiais (vinculadas ao tipo penal).

Primeiro, aplicam-se as causas de aumento, depois as de diminuição. O cálculo da primeira modificação é feito sobre a pena até ali encontrada, que tanto pode ser a pena-base (se não houver agravantes ou atenuantes) como a pena provisória (resultante da aplicação das atenuantes ou agravantes, na segunda fase). Havendo uma segunda causa de aumento ou de diminuição, o cálculo é feito sobre a última pena, já alterada por influência da anterior causa de aumento ou de diminuição. Assim, se a pena-base é de dois anos, com a agravante, a pena provisória passou para dois anos e seis meses (trinta meses); a causa de aumento, de um terço elevou-a para quarenta meses, e a causa de diminuição, de metade a trouxe para vinte meses (isto é, metade da última pena até ali encontrada). Se houvesse uma nova causa de diminuição, deveria ser calculada sobre os últimos vinte meses. Este é o sistema em cascata, que leva em conta sempre a última pena encontrada. Para apuração dos percentuais, facilitará o cálculo o uso do número de meses.

102. Concurso formal e crime continuado

O sistema da exasperação (toma-se a pena mais grave e sobre esta incide a causa de aumento) regula a aplicação das penas no concurso formal (art. 70 do CP) e no crime continuado (art. 71 do CP). Essas causas de aumento serão aplicadas depois de calculada integralmente a pena correspondente ao fato mais grave do concurso ou da continuação. Assim, estabelecido qual dentre os diversos crimes é o mais grave, a pena referente a ele será calculada de acordo com todas as fases previstas no art. 68 do CP, com pena-base, pena provisória com agravantes e atenuantes, causas de aumento ou de diminuição porventura existentes para aquele crime. Após será aplicado o aumento pelo concurso formal ou pela continuidade (STJ. HC 145.873/SP, Quinta Turma, ac. de 15.06.2010). "O aumento decorrente de concurso formal ou de crime continuado não incide sobre a pena-base, mas sobre a pena acrescida por circunstância qualificadora ou causa especial de aumento" (STF. RHC 86.080/MG, Primeira Turma, ac. de 06.06.2006).

No crime continuado, "quando a pena aplicável é idêntica, dispensável a repetição da dosimetria relativa a cada uma delas" (STF. HC 95.245/RS, Segunda Turma, ac. de 16.11.2010). Se evidente qual o crime mais grave, somente a pena deste será calculada e sofrerá o aumento do art. 71. Se houver dúvida, o juiz deve explicar as razões pelas quais considera um mais grave do que o outro, e calcular a pena deste, aumentada pela continuação.

Convém insistir: depois de encerrado o trabalho com as circunstâncias judiciais, agravantes e atenuantes e outras causas de aumento ou diminuição, será então feito o aumento decorrente da continuação, ou do concurso formal, obediente ao sistema de exasperação da pena adotado pelo Código para o crime continuado e o concurso formal (explica-se: a lei poderia ter adotado, para essas figuras, outro critério, como, por exemplo, o sistema da soma das penas de cada um dos crimes). Assim, no caso de dois furtos noturnos tentados, em continuação, será aplicada a causa de aumento de um terço (art. 155, § 1º), a diminuidora de um a dois terços, pela tentativa, e finalmente a causa de aumento pela continuação.

No concurso formal ou no crime continuado, resultando prejuízo para o réu em consequência da aplicação do sistema da exasperação, utiliza-se o sistema do cúmulo material de penas, com a soma das penas. Por exemplo, no caso de concurso formal do crime de lesão grave e lesão leve, a pena exasperada poderá ser superior à que resultaria da soma das duas penas.

Fica registrado que, como sistemas de aplicação de penas para os casos em que há mais de um crime em julgamento, há o sistema do cúmulo material (as penas individualizadas são somadas) e o sistema da exasperação, que existe para favorecer o agente (a pena mais grave é aumentada de um certo percentual). Para a classificação dos crimes, temos as espécies de concurso material, concurso formal e crime continuado. Na aplicação da pena de crimes em concurso material, usa-se o sistema do cúmulo material (cada crime mantém sua individualidade, e as penas são somadas). Para a aplicação da pena a crimes em concurso formal e ao crime continuado, aplica-se a pena de um só dos crimes, a mais grave, aumentada. Mas, sendo o sistema da exasperação um benefício ao réu, se o seu uso implicar pena mais grave do que resultaria do sistema do cúmulo material, este é que será usado, somando-se as penas. (STF. HC 92.819/RJ, Segunda Turma, ac. de 24.06.2008).

Entre os percentuais previstos para o aumento, o juiz pode escolher o mais elevado, desde que o faça fundamentadamente, como acontece no crime de roubo praticado por quantidade excessiva de agentes e elevado número de armas de fogo (STJ. HC 118.267/PB, Quinta Turma, ac. de 06.04.2010).

No concurso formal imperfeito, quando os fatos resultam de desígnios autônomos, as penas devem ser somadas, tal como ocorre no concurso material (cúmulo material de penas), nos termos do art. 70, 2ª parte, do CP (STF. RHC 88.404/RJ, Segunda Turma, ac. de 20.06.2006, examinando caso em que os jurados afirmaram que a explosão de uma bomba, vitimando várias pessoas, resultara de desígnios autônomos).

103. Fundamentação da escolha do percentual das causas de aumento ou diminuição

Ao escolher o peso das modificadoras previstas dentro de certos índices ou percentuais, o juiz deve fundamentar a escolha.

Citemos alguns precedentes. No crime continuado, o juiz dará atenção ao número de fatos (STF. HC 95.415/RJ, Segunda Turma, ac. de 25.11.2008; STF. HC 83.632/RJ, Segunda Turma, ac. de 10.02.2004; STJ. HC 14.480/RJ, Quinta Turma, ac. de 19.06.2001). O STF exacerbou a pena em dois terços para a continuação formada por sete crimes de peculato doloso (STF. RHC 96.569/SP, Segunda Turma, ac. de 10.02.2009), e admitiu como correta a majoração do dobro da pena por oito crimes cometidos em continuidade delitiva (STF. RHC 97.920/PR, Segunda Turma, ac. de 19.10.2010). O STJ "considerou correta a exacerbação da pena de 1/5 no crime continuado no caso de três delitos (de roubo)" (STJ. HC 122.127/MS, Quinta Turma, ac. de 19.03.2009; STJ. HC 118.475/SP, Quinta Turma, ac. de 21.09.2010). Idem, quando se tratou de três crimes de roubo em concurso formal (STJ. HC 169.546/RJ, Sexta Turma, ac. de 03.02.2011). A Sexta Turma do STJ assentou: "Segundo entendimento desta Corte, o aumento referente à continuidade delitiva deve ser diretamente proporcional ao número de crimes praticados, devendo, então, ser de 1/4 quando for por quatro vezes e de 1/5 quando for de três vezes" (STJ. HC 137.626/SP, Sexta Turma, ac. de 14.09.2010). No concurso formal de crimes, sendo apenas dois os crimes, a jurisprudência dominante aceita a elevação de um sexto (STF. HC 102.510/ SP, Segunda Turma, ac. de 14.12.2010).

Se os crimes em concurso formal foram praticados em continuação, a rigor incidiriam duas causas de aumento. Porém, sendo o "concurso formal regra jurídica penal em favor do agente", e sendo um crime praticado em continuação do outro, o aumento será feito apenas uma vez, pela continuação, incidindo sobre o mais grave (STJ. HC 36.414/RJ, Sexta Turma, ac. de 19.10.2004).

Na tentativa, leva-se em conta o *iter criminis* percorrido pelo agente (STF. HC 94.912/RJ, Primeira Turma, ac. de 20.10.2009; STF. HC 77.150/SP, Segunda Turma, ac. de 01.09.1998; RJTJRS 187/130; STJ. REsp. 93.655/DF, Sexta

Turma, ac. de 02.12.1996; STJ. HC 15.656/RS, Sexta Turma, ac. de 28.06.2001; STJ. HC 154.248/RJ, Quinta Turma, ac. de 22.06.2010) e ao resultado danoso da sua ação, isto é, a proximidade da consumação do injusto. Assim, a tentativa branca terá pena substancialmente diminuída, ao contrário daquela de que resultou incapacidade permanente. "Tendo o agente percorrido praticamente toda a fase de execução [...] correta a decisão que manteve a redução da pena no menor grau previsto no art. 14, II, do CP" (STJ. HC. 91.290/SP, Quinta Turma, ac. de 19.06.2008).

Para escolher o *quantum* de diminuição da pena do homicídio privilegiado, o juiz levará em conta não as circunstâncias judiciais, com as quais fixou a pena-base, mas as que dizem diretamente com aquelas que justificam o privilégio, podendo escolher o menor percentual de diminuição, se adequado: "O juiz, ao aplicar a causa de diminuição do § 1º do art. 121, valorou a relevância do motivo de valor social, a intensidade da emoção e o grau de provocação da vítima, concluindo fundamentadamente pela diminuição da pena em apenas um sexto" (STF. HC 102.459/MG, Primeira Turma, ac. de 03.08.2010. No mesmo sentido: STJ. HC 156.923/MS, Quinta Turma, ac. de 01.06.2010). Para aplicar o menor índice de diminuição (1/6), o juiz deve fundamentar a escolha (STJ. HC 95.577/MS, Sexta Turma, ac. de 20.11.2008); igual fundamentação é exigida para o caso de escolher o grau máximo de redução. Para suporte da escolha do percentual, o STJ considerou insuficiente fundar-se o *decisum* exclusivamente no placar de votação dos jurados (STJ. REsp. 1.112.015/SC, Sexta Turma, ac. de 05.08.2010).

A redução do art. 26, parágrafo único (semi-imputabilidade), não decorre das circunstâncias judiciais do art. 59 (ou de qualquer outra alheia à questão intelectiva), mas da "maior ou menor incapacidade do réu de entender o caráter ilícito do fato ou de determinar-se de acordo com esse entendimento" (STJ. HC 31.368/PR, Quinta Turma, ac. de 11.05.2004).

Ao aplicar mais de uma causa de aumento, no crime de roubo (e o mesmo se aplica a todas as situações assemelhadas), deve o juiz atentar para o enunciado na Súmula 443 do STJ: "O aumento na terceira fase de aplicação da pena no crime de roubo circunstanciado exige fundamentação concreta, não sendo suficiente para a sua exasperação a mera indicação do número de majorantes". Quer dizer, é preciso explicar quais, de que modo e qual a gravidade de cada uma dessas causas. "A consideração só quantitativa das causas especiais de aumento de pena, submetidas a regime alternativo, é expressão, em última análise, da responsabilidade penal objetiva, enquanto a qualitativa é própria do direito penal da culpa [...]" (STJ. HC 91.294/SP, Sexta Turma, ac. de 17.12.2007).

No HC 42.459/SP, a Quinta Turma do STJ sugeriu a seguinte gradação: "Na hipótese de existir concurso de causas de aumento de pena previsto para o crime de roubo, para evitar tratamento igual para situações diferentes, em princípio, a menor fração de aumento previsto no § 2º do art. 157 deve ser destinada ao caso de apenas uma qualificadora; havendo duas, a majoração deve ser de 3/8; existindo três, eleva-se em 5/12; em se tratando de quatro, o aumento deve ser de 11/24; e, por fim, verificada a concorrência de cinco causas de aumento previstas, o acréscimo deve alcançar o patamar máximo, ou seja, metade. Entretanto, é claro, o juízo sentenciante não está amarrado à quantidade de qualificadoras para fixar a fração de aumento da pena [...]" (STJ. HC 42.459/SP, Quinta Turma, ac. de 06.09.2005).

104. Pena definitiva

A pena definitiva é o resultado desse trabalho; poderá ser substituída por restritiva de direito ou por multa, ou ter sua execução suspensa condicionalmente, situações que devem ser enfrentadas na sentença sempre que presentes os requisitos objetivos (quantidade da pena ou natureza do crime). Para a pena privativa de liberdade deve haver, de logo, a fixação do regime inicial de cumprimento, ainda que ela venha a ser substituída, pois pode-se dar a conversão (art. 45).

Por fim, vale lembrar a lição do Ministro Luiz Vicente Cernicchiaro: o trabalho dogmático de aplicação da pena não se esgota na singela obediência aos preceitos legais brevemente enumerados neste trabalho; é, principalmente, "uma operação de realização do Direito". A conclusão a que chega o juiz, com a pena definitiva, deve ser a expressão da justiça do caso, para o que o cumprimento da técnica ordenada pela lei serve apenas como instrumento da realização dessa finalidade. A pena, dizia o Des. Telmo Jobim, que durante anos orientou a jurisprudência criminal no Rio Grande do Sul, deve ser pensada a partir da cumeeira.

ANEXO

Súmulas que interessam para a aplicação da pena

Supremo Tribunal Federal

Súmula vinculante

26. Para efeito de progressão de regime no cumprimento de pena por crime hediondo, ou equiparado, o juízo da execução observará a inconstitucionalidade do art. 2º da Lei 8.072, de 25 de julho de 1990, sem prejuízo de avaliar se o condenado preenche, ou não, os requisitos objetivos e subjetivos do benefício, podendo determinar, para tal fim, de modo fundamentado, a realização de exame criminológico.

Súmulas

611. Transitada em julgado a sentença condenatória, compete ao juízo das execuções a aplicação de lei mais benigna.
693. Não cabe *Habeas Corpus* contra decisão condenatória a pena de multa, ou relativo a processo em curso por infração penal a que a pena pecuniária seja a única cominada.
696. Reunidos os pressupostos legais permissivos da suspensão condicional do processo, mas se recusando o promotor de justiça a propô-la, o juiz, dissentindo, remeterá a questão ao procurador-geral, aplicando-se por analogia o art. 28 do Código de Processo Penal.
711. A lei penal mais grave aplica-se ao crime continuado ou ao crime permanente, se a sua vigência é anterior à cessação da continuidade ou da permanência.
716. Admite-se a progressão de regime de cumprimento da pena ou a aplicação imediata de regime menos severo nela determinada, antes do trânsito em julgado da sentença condenatória.
718. A opinião do julgador sobre a gravidade em abstrato do crime não constitui motivação idônea para a imposição de regime mais severo do que o permitido segundo a pena aplicada.

719. A imposição do regime de cumprimento mais severo do que a pena aplicada permitir exige motivação idônea.
723. Não se admite a suspensão condicional do processo por crime continuado, se a soma da pena mínima da infração mais grave com o aumento mínimo de um sexto for superior a um ano.

Superior Tribunal de Justiça

Súmulas

171. Cominadas cumulativamente, em lei especial, penas privativa de liberdade e pecuniária, e defeso a substituição da prisão por multa.
174. Cancelada. (No crime de roubo, a intimidação feita com arma de brinquedo autoriza o aumento da pena).
231. A incidência da circunstância atenuante não pode conduzir à redução da pena abaixo do mínimo legal.
241. A reincidência penal não pode ser considerada como circunstância agravante e, simultaneamente, como circunstância judicial.
243. O benefício da suspensão do processo não é aplicável em relação às infrações penais cometidas em concurso material, concurso formal ou continuidade delitiva, quando a pena mínima cominada, seja pelo somatório, seja pela incidência da majorante, ultrapassar o limite de um (01) ano.
269. É admissível a adoção do regime prisional semiaberto aos reincidentes condenados à pena igual ou inferior a quatro anos, se favoráveis as circunstâncias judiciais.
337. É cabível a suspensão condicional do processo na desclassificação do crime e na procedência parcial da pretensão punitiva.
440. Fixada a pena-base no mínimo legal, é vedado o estabelecimento de regime prisional mais gravoso do que o cabível em razão da sanção imposta, com base apenas na gravidade abstrata do delito.
442. É inadmissível aplicar, no furto qualificado, pelo concurso de agentes, a majorante do roubo.
443. O aumento na terceira fase de aplicação da pena no crime de roubo circunstanciado exige fundamentação concreta, não sendo suficiente para a sua exasperação a mera indicação do número de majorantes.
444. É vedada a utilização de inquéritos policiais e ações penais em curso para agravar a pena-base.
471. Os condenados por crimes hediondos ou assemelhados cometidos antes da vigência da Lei 11.464/2007 sujeitam-se ao disposto no art. 112 da Lei 7.210/1984 (Lei de Execução Penal) para a progressão de regime prisional.

Índice de jurisprudência

STF. Al AgrEd. 698.309/SP, Primeira Turma, ac. de 27.10.2009, p. 94
STF. AP 516/DF, Tribunal Pleno, ac. de 27.09.2010, p. 50
STF. HC 66.759/MG, Segunda Turma, ac. de 28.03.1998, p. 27
STF. HC 68.309/DF, Primeira Turma, ac. de 27.11.1990, p. 27
STF. HC 68.496/DF, Primeira Turma, ac. de 09.04.1991, p. 24
STF. HC 69.603/SP, Tribunal Pleno, ac. de 18.12.1992, p. 16
STF. HC 69.657/SP, Tribunal Pleno, ac. de 18.12.1992, p. 16
STF. HC 70.303/SP, Segunda Turma, ac. de 22.03.1994, p. 95
STF. HC 70.355/MG, Segunda Turma, ac. de 29.06.1993, p. 28
STF. HC 70.871/RJ, Segunda Turma, ac. de 11.10.1994, p. 70
STF. HC 71.094/SP, Segunda Turma, ac. de 29.03.1994, p. 103
STF. HC 72.130/RJ, Segunda Turma, ac. de 22.04.1996, p. 71
STF. HC 72.697/RJ, Primeira Turma, ac. de 19.03.1996, p. 58
STF. HC 72.730/SP, Primeira Turma, ac. de 24.10.1995, p. 100
STF. HC 72.842/MG, Segunda Turma, ac. de 18.12.1995, p. 27, 96
STF. HC 73.297/SP, Segunda Turma, ac. de 06.02.1996, p. 71
STF. HC 73.394/SP, Primeira Turma, ac. de 19.03.1996, p. 70
STF. HC 73.878/SP, Primeira Turma, ac. de 18.06.1996, p. 70
STF. HC 73.924/SP, Segunda Turma, ac. de 06.08.1996, p. 16
STF. HC 74.178/PB, Primeira Turma, ac. de 04.03.1997, p. 28
STF. HC 74.967/SP, Primeira Turma, ac. de 08.04.1997, p. 70
STF. HC 75.856/SP, Primeira Turma, ac. de 17.03.1998, p. 22, 23
STF. HC 75.978/SP, Primeira Turma, ac. de 12.05.1998, p. 19
STF. HC 76.631/SP, Segunda Turma, ac. de 24.03.1998, p. 72
STF. HC 77.150/SP, Segunda Turma, ac. de 01.09.1998, p. 109
STF. HC 78.223/SP, Segunda Turma, ac. de 02.03.1999, p. 22
STF. HC 79.572/GO, Segunda Turma, ac. de 29.02.2000, p. 47
STF. HC 79.865/RS, Segunda Turma, ac. de 14.03.2000, p. 36
STF. HC 80.354/RJ, Segunda Turma, ac. de 19.09.2000, p. 29
STF. HC 80.802/MS, Primeira Turma, ac. de 14.04.2001, p. 47

STF. HC 81.410/SC, Primeira Turma, ac. de 19.02.2002, p. 16
STF. HC 82.337/RJ, Primeira Turma, ac. de 25.02.2003, p. 83
STF. HC 82.959/SP, Tribunal Pleno, ac. de 23.02.2006, p. 16
STF. HC 83.092/RJ, Segunda Turma, ac. de 24.06.2003, p. 28
STF. HC 83.163/SP, Tribunal Pleno, ac. de 16.04.2009, p. 62
STF. HC 83.523/SP, Primeira Turma, ac. de 04.11.2003, p. 20
STF. HC 83.632/RJ, Segunda Turma, ac. de 10.02.2004, p. 109
STF. HC 83.999/RS, Primeira Turma, ac. de 13.04.2004, p. 25
STF. HC 84.342/RJ, Primeira Turma, ac. de 12.04.2005, p. 63
STF. HC 85.603/RJ, Primeira Turma, ac. de 21.06.2005, p. 34
STF. HC 85.612/RJ, Primeira Turma, ac. de 24.05.2005, p. 40
STF. HC 85.792/SP, Segunda Turma, ac. de 21.10.2008, p. 94
STF. HC 86.698/SP, Primeira Turma, ac. de 19.06.2007, p. 58
STF. HC 88.157/SP, Primeira Turma, ac. de 28.11.2006, p. 62
STF. HC 90.869/SP, Segunda Turma, ac. de 20.04.2010, p. 57
STF. HC 90.991/RS, Primeira Turma, ac. de 21.06.2007, p. 26
STF. HC 91.562/PR, Segunda Turma, ac. de 09.10.2007, p. 59
STF. HC 91.803/SC, Primeira Turma, ac. de 19.05.2009, p. 26
STF. HC 92.274/MG, Primeira Turma, ac. de 19.02.2008, p. 97
STF. HC 92.322/PA, Primeira Turma, ac. de 18.12.2007, p. 58
STF. HC 92.476/SP, Segunda Turma, ac. de 24.06.2008, p. 53
STF. HC 92.742/RS, Primeira Turma, ac. de 04.03.2008, p. 101
STF. HC 92.819/RJ, Segunda Turma, ac. de 24.06.2008, p. 108
STF. HC 93.234/SP, Segunda Turma, ac. de 11.03.2008, p. 97
STF. HC 94.023/RJ, Segunda Turma, ac. de 10.11.2009, p. 89
STF. HC 94.692/SP, Segunda Turma, ac. de 14.09.2010, p. 67, 98
STF. HC 94.912/RJ, Primeira Turma, ac. de 20.10.2009, p. 109
STF. HC 95.142/RS, Segunda Turma, ac. de 18.11.2008, p. 89
STF. HC 95.245/RS, Segunda Turma, ac. de 16.11.2010, p. 107
STF. HC 95.415/RJ, Segunda Turma, ac. de 25.11.2008, p. 109
STF. HC 96.099/RS, Tribunal Pleno, ac. de 19.02.2009, p. 88
STF. HC 96.384/BA, Primeira Turma, ac. de 02.12.2008, p. 14
STF. HC 97.256/RS, Tribunal Pleno, ac. de 01.09.2010, p. 46, 88
STF. HC 97.390/SP, Primeira Turma, ac. de 31.08.2010, p. 73, 82, 88
STF. HC 98.220/RS, Segunda Turma, ac. de 23.06.2009, p. 104
STF. HC 98.265/MS, Primeira Turma, ac. de 24.03.2010, p. 104
STF. HC 98.769/SP, Segunda Turma, ac. de 26.05.2009, p. 14
STF. HC 99.347/MG, Primeira Turma, ac. de 04.05.2010, p.104
STF. HC 99.446/MS, Segunda Turma, ac. de 18.08.2009, p. 88, 103

STF. HC 99.544/RS, Segunda Turma, ac. de 26.10.2010, p. 86
STF. HC 99.803/RJ, Segunda Turma, ac. de 22.06.2010, p. 84
STF. HC 99.808/RS, Segunda Turma, ac. de 21.09.2010, p. 86
STF. HC 100.006/RJ, Primeira Turma, ac. de 02.02.2010, p. 81
STF. HC 100.380/SP, Primeira Turma, ac. de 11.05.2010, p. 86
STF. HC 100.755/AC, Segunda Turma, ac. de 20.04.2010, p. 87
STF. HC 101.918/MS, Primeira Turma, ac. de 11.05.2010, p. 82
STF. HC 102.459/MG, Primeira Turma, ac. de 03.08.2010, p. 110
STF. HC 102.510/ SP, Segunda Turma, ac. de 14.12.2010, p. 109
STF. HC 106.514/MS, Primeira Turma, ac. de 01.02.2011, p. 103
STF. HC 173.076/ES, Quinta Turma, ac. de 15.02.2011, p. 100
STF. Inq. 2.721/DF, Tribunal Pleno, ac. de 08.10.2009, p. 48
STF. RE 211.207/SP, Primeira Turma, ac. de 18.11.1997, p. 71
STF. RE 268.319/PR, Primeira Turma, ac. de 13.06.2000, p. 28
STF. RE 268.320/PR, Primeira Turma, ac. de 15.08.2000, p. 47
STF. RE 581.201/RS, Segunda Turma, ac. de 24.08.2010, p. 48
STF. RHC 84.295/RJ, Primeira Turma, ac. de 29.11.2005, p. 92
STF. RHC 86.080/MG, Primeira Turma, ac. de 06.06.2006, p. 107
STF. RHC 88.404/RJ, Segunda Turma, ac. de 20.06.2006, p. 95, 108
STF. RHC 94.907/DF, Segunda Turma, ac. de 07.10.2008, p. 14
STF. RHC 96.569/SP, Segunda Turma, ac. de 10.02.2009, p. 109
STF. RHC 97.920/PR, Segunda Turma, ac. de 19.10.2010, p. 109
STF. RHC 100.686/SP, Segunda Turma, ac. de 02.02.2010, p. 94
STF. RHC 101.278/RJ, Primeira Turma, ac. de 27.04.2010, p. 94
STF. RHC 102.957/DF, Primeira Turma, ac. de 27.04.2010, p. 103
STF. RHC 106.814/MS, Primeira Turma, ac. de 08.02.2011, p. 73, 82

STJ. AgRg. no Ag. 416.484/RS, Quinta Turma, ac. de 03.12.2002, p. 35
STJ. AgRg. no HC 83.490/DF, Sexta Turma, ac. de 21.02.2008, p. 18
STJ. AgRg. no REsp. 607.929/PR, Sexta Turma, ac. de 26.04.2007, p. 53
STJ. AgRg. no REsp. 1.170.817/MT, Quinta Turma, ac. de 22.03.2011, p. 63
STJ. EDcl. no HC 105.956/SP, Quinta Turma, ac. de 22.03.2011, p. 18, 29
STJ. EDcl. no HC 147.469/SP, Quinta Turma, ac. de 22.03.2011, p. 53
STJ. EDcl. no REsp. 123.995/SP, Sexta Turma, ac. de 19.11.1998, p. 72
STJ. EREsp. 842.425/RS, Terceira Seção, ac. de 24.08.2011, p. 90, 105
STJ. EREsp. 1.154.752/RS, Terceira Seção, ac. de 23.05.2012, p. 103
STJ. HC 7.389/AM, Quinta Turma, ac. de 17.11.1998, p. 57
STJ. HC 8.753/RJ, Sexta Turma, ac. de 15.04.1999, p. 45
STJ. HC 9.271/RJ, Quinta Turma, ac. de 05.08.1999, p. 45

STJ. HC 9.404/PR, Sexta Turma, ac. de 08.06.1999, p. 92
STJ. HC 9.559/SP, Sexta Turma, ac. de 17.08.1999, p. 23
STJ. HC 9.583/SP, Quinta Turma, ac. de 14.12.1999, p. 48
STJ. HC 9.584/RJ, Sexta Turma, ac. de 15.06.1999, p. 69
STJ. HC 9.830/SP, Quinta Turma, ac. de 21.09.1999, p. 23
STJ. HC 9.862/SP, Sexta Turma, ac. de 07.10.1999, p. 44
STJ. HC 10.042/SP, Quinta Turma, ac. de 21.09.1999, p. 23
STJ. HC 10.169/RJ, Quinta Turma, ac. de 09.11.1999, p. 45
STJ. HC 10.425/RS, Quinta Turma, ac. de 16.11.1999, p. 95
STJ. HC 10.615/MS, Quinta Turma, ac. de 09.11.1999, p. 99
STJ. HC 10.907/SC, Quinta Turma, ac. de 14.12.1999, p. 72
STJ. HC 12.089/RJ, Quinta Turma, ac. de 18.12.2000, p. 27
STJ. HC 13.231/MS, Quinta Turma, ac. de 22.08.2000, p. 100
STJ. HC 13.155/SP, Sexta Turma, ac. de 27.11.2000, p. 26
STJ. HC 13.414/SP, Quinta Turma, ac. de 03.05.2001, p. 45, 55
STJ. HC 13.562/SP, Sexta Turma, ac. de 13.03.2001, p. 93
STJ. HC 14.480/RJ, Quinta Turma, ac. de 19.06.2001, p. 109
STJ. HC 15.448/GO, Quinta Turma, ac. de 03.04.2001, p. 27
STJ. HC 15.656/RS, Sexta Turma, ac. de 28.06.2001, p. 110
STJ. HC 15.820/DF, Quinta Turma, ac. de 06.11.2001, p. 19
STJ. HC 17.142/PE, Sexta Turma, ac. de 20.11.2001, p. 36
STJ. HC 17.459/SP, Sexta Turma, ac. de 11.12.2001, p. 31, 84
STJ. HC 17.583/MS, Quinta Turma, ac. de 18.10.2001, p. 36
STJ. HC 17.664/SP, Quinta Turma, ac. de 27.11.2001, p. 93
STJ. HC 17.898/SE, Quinta Turma, ac. de 06.11.2001, p. 32
STJ. HC 18.281/RS, Quinta Turma, ac. de 27.11.2001, p. 25
STJ. HC 19.508/RJ, Quinta Turma, ac. de 26.03.2002, p. 99
STJ. HC 19.918/MG, Quinta Turma, ac. de 17.12.2002, p. 24
STJ. HC 21.417/SP, Quinta Turma, ac. de 26.11.2002, p. 71
STJ. HC 22.568/MG, Quinta Turma, ac. de 20.02.2003, p. 35
STJ. HC 22.668/MG, Sexta Turma, ac. de 22.04.2003, p. 35
STJ. HC 22.791/RJ, Quinta Turma, ac. de 22.10.2002, p. 99
STJ. HC 22.881/RS, Quinta Turma, ac. de 08.04.2003, p. 48
STJ. HC 24.442/DF, Quinta Turma, ac. de 10.12.2002, p. 35
STJ. HC 25.195/SP, Quinta Turma, ac. de 27.05.2003, p. 48
STJ. HC 25.887/RJ, Quinta Turma, ac. de 27.05.2003, p. 33
STJ. HC 26.257/SP, Sexta Turma, ac. de 15.04.2003, p. 19
STJ. HC 27.217/RJ, Quinta Turma, ac. de 03.04.2003, p. 19
STJ. HC 27.290/SC, Quinta Turma, ac. de 04.12.2003, p. 86

STJ. HC 28.148/SP, Quinta Turma, ac. de 01.04.2004, p. 14
STJ. HC 29.541/MG, Sexta Turma, ac. de 17.08.2004, p. 104
STJ. HC 31.368/PR, Quinta Turma, ac. de 11.05.2004, p. 111
STJ. HC 36.414/RJ, Sexta Turma, ac. de 19.10.2004, p. 109
STJ. HC 39.086/RJ, Sexta Turma, ac. de 15.03.2005, p. 105
STJ. HC 42.459/SP, Quinta Turma, ac. de 06.09.2005, p. 111
STJ. HC 42.933/SP, Sexta Turma, ac. de 14.03.2006, p. 33
STJ. HC 45.397/MG, Quinta Turma, ac. de 14.08.2007, p. 25
STJ. HC 53.334/RJ, Sexta Turma, ac. de 07.05.2009, p. 44
STJ. HC 68.373/RO, Sexta Turma, ac. de 09.06.2009, p. 94
STJ. HC 73.112/RJ, Sexta Turma, ac. de 02.10.2008, p. 15
STJ. HC 76.079/MS, Quinta Turma, ac. de 10.04.2007, p. 17
STJ. HC 79.380/SP, Quinta Turma, ac. de 21.08.2008, p. 16
STJ. HC 81.656/DF, Quinta Turma, ac. de 06.05.2008, p. 76
STJ. HC 82.258/RJ, Quinta Turma, ac. de 01.06.2010, p. 47
STJ. HC 83.066/DF, Sexta Turma, ac. de 25.08.2009, p. 77
STJ. HC 85.282/SP, Quinta Turma, ac. de 25.10.2007, p. 86
STJ. HC 87.644/RS, Sexta Turma, ac. de 04.12.2007, p. 31
STJ. HC 88.826/DF, Quinta Turma, ac. de 16.04.2009, p. 56
STJ. HC 89.073/MG, Quinta Turma, ac. de 27.11.2008, p. 57
STJ. HC 89.709/RJ, Quinta Turma, ac. de 26.02.2008, p. 30
STJ. HC 90.712/DF, Quinta Turma, ac. de 27.03.2008, p. 104
STJ. HC 91.290/SP, Quinta Turma, ac. de 19.06.2008, p. 76
STJ. HC 91.294/SP, Sexta Turma, ac. de 17.12.2007, p. 89, 111
STJ. HC 93.933/SP, Quinta Turma, ac. de 11.11.2008, p. 86
STJ. HC 94.956/DF, Quinta Turma, ac. de 21.08.2008, p. 84
STJ. HC 95.577/MS, Sexta Turma, ac. de 20.11.2008, p. 110
STJ. HC 96.236/MS, Quinta Turma, ac. de 15.05.2008, p. 104
STJ. HC 98.886/RJ, Sexta Turma, ac. de 22.02.2011, p. 87
STJ. HC 100.370/SP, Sexta Turma, ac. de 23.11.2010, p. 93
STJ. HC 100.843/MS, Sexta Turma, ac. de 04.05.2010, p. 70, 75
STJ. HC 102.270/RJ, Quinta Turma, ac. de 24.06.2008, p. 33
STJ. HC 104.071/MS, Sexta Turma, ac. de 07.05.2009, p. 77, 104
STJ. HC 105.130/PR, Sexta Turma, ac. de 17.03.2011, p. 102
STJ. HC 105.956/SP, Quinta Turma, ac. de 16.12.2010, p. 87
STJ. HC 107.795/RS, Sexta Turma, ac. de 16.12.2008, p. 69, 75
STJ. HC 109.831/DF, Quinta Turma, ac. de 07.12.2010, p. 69
STJ. HC 110.641/MS, Sexta Turma, ac. de 19.05.2009, p. 104
STJ. HC 111.061/MG, Quinta Turma, ac. de 12.08.2010, p. 19

STJ. HC 112.094/SP, Quinta Turma, ac. de 19.03.2009, p. 33
STJ. HC 112.536/MS, Quinta Turma, ac. de 19.02.2009, p. 42
STJ. HC 115.301/SC, Quinta Turma, ac. de 09.03.2010, p. 84
STJ. HC 118.267/PB, Quinta Turma, ac. de 06.04.2010, p. 70, 108
STJ. HC 118.475/SP, Quinta Turma, ac. de 21.09.2010, p. 109
STJ. HC 118.655/RJ, Quinta Turma, ac. de 09.03.2010, p. 87
STJ. HC 122.061/RS, Quinta Turma, ac. de 03.05.2011, p. 85
STJ. HC 122.127/MS, Quinta Turma, ac. de 19.03.2009, p. 109
STJ. HC 124.398/SP, Quinta Turma, ac. de 14.04.2009, p. 53
STJ. HC 125.262/MG, Quinta Turma, ac. de 18.02.2010, p. 70
STJ. HC 126.381/MS, Quinta Turma, ac. de 02.03.2010, p. 100
STJ. HC 130.014/SP, Sexta Turma, ac. de 21.05.2009, p. 40
STJ. HC 132.751/MS, Sexta Turma, ac. de 08.02.2011, p. 103
STJ. HC 133.554/RJ, Quinta Turma, ac. de 28.09.2010, p. 21
STJ. HC 133.594/SP, Quinta Turma, ac. de 13.04.2010, p. 57
STJ. HC 134.075/PE, Quinta Turma, ac. de 22.09.2009, p. 70
STJ. HC 134.664/MS, Quinta Turma, ac. de 17.11.2009, p. 91, 93, 95, 105
STJ. HC 135.666/RJ, Sexta Turma, ac. de 22.02.2011, p. 103
STJ. HC 135.889/MG, Sexta Turma, ac. de 17.03.2011, p. 87
STJ. HC 136.337/MG, Quinta Turma, ac. de 17.02.2011, p. 102
STJ. HC 137.626/SP, Sexta Turma, ac. de 14.09.2010, p. 109
STJ. HC 138.543/RJ, Quinta Turma, ac. de 19.08.2010, p. 103
STJ. HC 139.238/DF, Quinta Turma, ac. de 01.03.2011, p. 70, 76
STJ. HC 139.358/MS, Quinta Turma, ac. de 15.04.2010, p. 75
STJ. HC 139.535/MS, Quinta Turma, ac. de 18.05.2010, p. 100
STJ. HC 139.739/MG, Quinta Turma, ac. de 02.03.2010, p. 17
STJ. HC 140.442/MS, Sexta Turma, ac. de 25.05.2010, p. 98, 104
STJ. HC 143.152/GO, Quinta Turma, ac. de 22.03.2011, p. 87
STJ. HC 143.700/MS, Sexta Turma, ac. de 03.03.2011, p. 67, 104
STJ. HC 144.476/MG, Sexta Turma, ac. de 09.11.2010, p. 46
STJ. HC 144.870/DF, Sexta Turma, ac. de 09.02.2010, p. 85
STJ. HC 145.873/SP, Quinta Turma, ac. de 15.06.2010, p. 106
STJ. HC 146.684/RJ, Quinta Turma, ac. de 09.11.2010, p. 72
STJ. HC 146.825/MS, Quinta Turma, ac. de 17.06.2010, p. 83
STJ. HC 150.406/SP, Quinta Turma, ac. de 15.02.2011, p. 87
STJ. HC 150.736/MS, Sexta Turma, ac. de 17.03.2011, p. 87
STJ. HC 154.248/RJ, Quinta Turma, ac. de 22.06.2010, p. 110
STJ. HC 156.672/MG, Sexta Turma, ac. de 22.03.2011, p. 19
STJ. HC 156.923/MS, Quinta Turma, ac. de 01.06.2010, p. 110

STJ. HC 157.936/RJ, Quinta Turma, ac. de 04.11.2010, p. 105
STJ. HC 160.680/MS, Quinta Turma, ac. de 19.08.2010, p. 75
STJ. HC 166.785/RS, Sexta Turma, ac. de 02.09.2010, p. 17
STJ. HC 168.476/ES, Quinta Turma, ac. de 25.11.2010, p. 87
STJ. HC 168.679/SP, Sexta Turma, ac. de 05.08.2010, p. 87
STJ. HC 169.546/RJ, Sexta Turma, ac. de 03.02.2011, p. 109
STJ. HC 172.383/RJ, Quinta Turma, ac. de 22.03.2011, p. 89
STJ. HC 173.428/MS, Sexta Turma, ac. de 03.03.2011, p. 63
STJ. HC 174.339/MS, Quinta Turma, ac. de 17.03.2011, p. 88
STJ. HC 174.627/ES, Quinta Turma, ac. de 04.04.2011, p. 93
STJ. HC 177.837/RJ, Quinta Turma, ac. de 22.02.2011, p. 71
STJ. HC 191.699/RJ, Sexta Turma, ac. de 01.03.2011, p. 17
STJ. REsp. 9.157/SP, Sexta Turma, ac. de 14.05.1991, p. 44
STJ. REsp. 54.588/SC, Quinta Turma, ac. de 23.11.1994, p. 46
STJ. REsp. 67.570/SC, Sexta Turma, ac. de 25.06.1996, p. 27
STJ. REsp. 68.136/SP, Quinta Turma, ac. de 26.03.1996, p. 23
STJ. REsp. 69.740/SP, Quinta Turma, ac. de 06.12.1995, p. 59
STJ. REsp. 71.267/SP, Sexta Turma, ac. de 24.06.1999, p. 45
STJ. REsp. 86.097/SP, Sexta Turma, ac. de 21.10.1997, p. 92
STJ. REsp. 93.655/DF, Sexta Turma, ac. de 02.12.1996, p. 109
STJ. REsp. 118.878/RJ, Sexta Turma, ac. de 11.12.1997, p. 92
STJ. REsp. 146.056/RS, Quinta Turma, ac. de 07.10.1997, p. 100
STJ. REsp. 149.936/SP, Sexta Turma, ac. de 26.05.1998, p. 32
STJ. REsp. 154.815/RJ, Sexta Turma, ac. de 19.03.1998, p. 92
STJ. REsp. 156.432/RS, Quinta Turma, ac. de 28.09.1999, p. 100
STJ. REsp. 167.369/RJ, Sexta Turma, ac. de 23.11.1998, p. 72
STJ. REsp. 188.878/RO, Sexta Turma, ac. de 09.05.2000, p. 57
STJ. REsp. 194.218/MG, Quinta Turma, ac. de 05.08.1999, p. 92
STJ. REsp. 197.071/CE, Sexta Turma, ac. de 30.06.1999, p. 93
STJ. REsp. 222.216/SP, Sexta Turma, ac. de 03.12.2001, p. 71
STJ. REsp. 236.703/PR, Sexta Turma, ac. de 15.04.2003, p. 32
STJ. REsp. 259.073/RS, Quinta Turma, ac. de 11.03.2003, p. 72
STJ. REsp. 284.104/SP, Sexta Turma, ac. de 24.09.2002, p. 57
STJ. REsp. 316.206/SP, Quinta Turma, ac. de 13.05.2003, p. 84
STJ. REsp. 327.745/SE, Sexta Turma, ac. de 20.03.2003, p. 71
STJ. REsp. 332.780/SP, Quinta Turma, ac. de 20.02.2003, p. 31
STJ. REsp. 401.596/RJ, Quinta Turma, ac. de 13.05.2003, p. 45
STJ. REsp. 402.505/SP, Quinta Turma, ac. de 06.05.2003, p. 23
STJ. REsp. 431.265/MT, Quinta Turma, ac. de 17.10.2002, p. 101

STJ. REsp. 442.075/RS, Quinta Turma, ac. de 22.04.2003, p. 31, 84
STJ. REsp. 486.042/MG, Quinta Turma, ac. de 06.05.2003, p. 45
STJ. REsp. 555.396/MS, Sexta Turma, ac. de 20.04.2010, p. 78
STJ. REsp. 683.122/RS, Sexta Turma, ac. de 24.11.2009, p. 76
STJ. REsp. 735.898/RS, Sexta Turma, ac. de 17.09.2009, p. 51
STJ. REsp. 736.784/SC, Quinta Turma, ac. de 08.11.2005, p. 56
STJ. REsp. 843.329/RS, Quinta Turma, ac. de 20.03.2007, p. 82
STJ. REsp. 896.171/SC, Quinta Turma, ac. de 17.04.2007, p. 36
STJ. REsp. 905.854/SP, Quinta Turma, ac. de 25.10.2007, p. 52
STJ. REsp. 999.981/SE, Quinta Turma, ac. de 17.03.2009, p. 54
STJ. REsp. 1.020.228/SE, Quinta Turma, ac. de 30.05.2008, p. 104
STJ. REsp. 1.024.803/RJ, Quinta Turma, ac. de 23.09.2008, p. 92, 105
STJ. REsp. 1.112.015/SC, Sexta Turma, ac. de 05.08.2010, p. 110
STJ. REsp. 1.114.099/SP, Quinta Turma, ac. de 09.02.2010, p. 55
STJ. RHC 7.176/MS, Sexta Turma, ac. de 19.03.1998, p. 104
STJ. RHC 7.262/RJ, Quinta Turma, ac. de 02.06.1998, p. 72
STJ. RHC 7.779/SP, Quinta Turma, ac. de 25.08.1998, p. 57
STJ. RHC 7.997/SP, Sexta Turma, ac. de 03.11.1998, p. 72
STJ. RHC 9.061/MG, Quinta Turma, ac. de 07.10.1999, p. 45
STJ. RHC 9.062/MG, Quinta Turma, ac. de 05.10.1999, p. 45
STJ. RHC 9.135/MG, Sexta Turma, ac. de 06.04.2000, p. 30
STJ. RHC 15.603/RS, Quinta Turma, ac. de 06.05.2004, p. 36

Índice alfabético e remissivo

Agravantes e atenuantes, p. 80
Análise judicial, p. 77
Antecedentes, p. 70
Arma de brinquedo, p. 31
Arma, Roubo, p. 88
Associação criminosa, p. 19
Atenuante, mínimo legal, p. 101
Atenuantes, p. 82
Cálculo da pena, p. 91
Causas de aumento e de diminuição (majorantes ou minorantes), p. 83
Causas de aumento e de diminuição, crime de drogas, p. 86
Causas de aumento e de diminuição, Fundamentação, p. 108
Causas de aumento e de diminuição, Leis esparsas, p. 84
Circunstâncias inseridas em tipo derivado, p. 66
Circunstâncias legais genéricas, p. 79
Circunstâncias legais, p. 79
Circunstâncias, Alteração da pena, p. 89
Circunstâncias, Classificação, p. 68
Combinação de leis, p. 94
Competência para examinar o equívoco, p. 93
Comportamento da vítima, p. 77
Concurso de circunstâncias, p. 102
Concurso formal e crime continuado, p. 106
Condenação em mais de um crime, p. 25
Conduta punível, p. 11
Conduta social, p. 73
Confissão espontânea, p. 83, p. 103
Consciência da ilicitude e culpabilidade, p. 69
Consequências, p. 76
Consumidor, Código de Proteção e Defesa do Consumidor, penas, p. 48
Crime contra a economia popular, substituição da pena, p. 44
Crime eleitoral, substituição, p. 46
Crime hediondo, p. 16
Crime hediondo, substituição, p. 45
Crime hediondo, sursis, p. 58
Culpabilidade, p. 68
Direção de veículo, p. 41
Direito intertemporal, p. 94
Distinção entre as elementares e as circunstâncias, p. 65

Dolo e culpabilidade, p. 69
Drogas, Causas de aumento e de diminuição, p. 82
Drogas, conversão da pena, p. 46
Drogas, Tráfico de, p. 18
Drogas, ver Entorpecentes
Drogas, ver Tráfico de Entorpecentes
Elementares e Circunstâncias do delito, p. 65
Elementares, Função, p. 67
Elementares, p. 65
Entorpecentes, Causas de aumento e de diminuição, p. 82
Entorpecentes, conversão da pena, p. 46
Entorpecentes, substituição, p. 44, p. 46
Entorpecentes, ver Drogas, Tráfico de
Entorpecentes, ver Tráfico de Entorpecentes
Estupro, p. 20
Fundamentação da escolha do percentual das causas de aumento ou de diminuição, p. 108
Furto privilegiado, p. 89
Habeas Corpus, multa, p. 56
Habeas Corpus, Revisão da pena, p. 93
Homicídio privilegiado, p. 89
Individualização judicial, p. 12
Individualização, p. 11
Inquérito Policial, antecedentes, p. 70
Interdição (art. 47), p. 41
Interdição, Cargo público, p. 43
Interdição, Direção de veículo, Trânsito, p. 41
Juizado Especial Criminal, pena restritiva, p. 46
Juizado Especial Criminal, suspensão condicional do processo, p. 61
Lei 11.343/2006, inconstitucionalidade, p. 46
Lei no tempo, Crime hediondo, p. 94
Lei no tempo, p. 94
Leis esparsas sobre penas restritivas, p. 44
Limitação de fim de semana, p. 43
Menoridade, atenuante, p. 82
Método trifásico, p. 92
Militar, p. 89
Motivos, p. 75
Multa reparatória, p. 55
Multa substitutiva, p. 53
Multa, Aplicação isolada, p. 56
Multa, Cálculo, Causas de aumento, p. 52
Multa, Cálculo, p. 51
Multa, Concurso de Crimes, Crime continuado, p. 52
Multa, distinção da prestação pecuniária, p. 35
Multa, Execução, p. 53
Multa, Habeas Corpus, p. 56
Multa, Leis esparsas, p. 51, p. 54
Multa, p. 50, p. 56
Multa, substituição, p. 33
Nulidade, p. 92
Pena de multa, p. 50

Pena de prisão, p. 79
Pena definitiva, p. 111
Pena restritiva, Juizado Especial Criminal, p. 46
Pena, Cálculo da, Concurso formal e Crime continuado, p. 106
Pena, Cálculo da, Primeira fase, p. 96
Pena, Cálculo da, Segunda fase, p. 100
Pena, Cálculo da, Terceira fase, p. 105
Pena, Cálculo, Nulidade, p. 92
Pena, Cálculo, p. 91
Pena, Cálculo, Revisão pelo Tribunal, p. 93
Pena, fins da pena, p. 77
Pena-base, concurso de circunstâncias, p. 102
Pena-base, Critérios, p. 97
Pena-base, Método Prof. Boschi, p. 98
Pena-base, mínimo legal, p. 101
Pena-base, p. 95
Pena-base, ponderação de agravantes e atenuantes, p. 105
Pena-base, Quantificação, p. 95
Pena-base, substituição, p. 97
Pena-base, Tráfico de entorpecentes, p. 99
Penas institucionais e alternativas, p. 13
Penas privativas de liberdade, p. 13
Penas restritivas como pena cominada, p. 26
Penas restritivas de direitos, p. 25
Penas restritivas em espécie, Prestação pecuniária (art. 45, § 1º), p. 34
Penas restritivas são as previstas na lei, p. 26
Perda de bens (art. 45, § 3º), p. 37
Personalidade, p. 73
Ponderação de atenuantes e de agravantes, p. 105
Premeditação, Pena-base, p. 70
Prestação de serviços, p. 38
Prestação de serviços, Requisitos (art. 46), p. 39
Prestação pecuniária que não seja em dinheiro, p. 37
Prestação pecuniária, p. 34
Prestação pecuniária, valor, p. 36
Procedimento judicial, p. 91
Proibição de frequentar lugares, p. 43
Qualificadoras, p. 83
Qualificadoras, tipo derivado, p. 67
Regime aberto, p. 21
Regime de penas, Súmulas, p. 24
Regime fechado, p. 15
Regime inicial, p. 22
Regime semiaberto, p. 20
Regimes de penas, p. 13
Reincidência específica, substituição, p. 33
Reincidência, p. 80, p. 102, p. 103
Reincidência, Substituição da pena, p. 31, p. 32
Restritivas são as previstas em lei, p. 26
Roubo, Arma, p. 88
Roubo, p. 20
Segunda fase, p. 100

Semi-imputável e substituição, p. 61
Sistema de Penas, Penas Substitutivas, Sursis, p. 11
Substituição da pena e sursis, p. 60
Substituição da pena privativa da liberdade por restritiva de direito, Exame da substituição, p. 27
Substituição da pena, p. 30
Substituição, Concurso de crimes, Crime continuado, p. 29
Substituição, Condenação anterior em multa, p. 33
Substituição, Momento da, p. 28
Substituição, Ponderação dos requisitos, p. 34
Substituição, Reincidência específica, p. 33
Substituição, Reincidência, p. 31
Substituição, Requisitos, p. 29
Substituição, Semi-imputável, p. 61
Substituição, Violência ou grave ameaça, p. 30
Sursis especial por idade ou doença, p. 58
Sursis, Crime hediondo, p. 58
Sursis, Regime probatório especial (art. 78, § 2º), p. 59
Sursis, Regime probatório, p. 59
Sursis, Suspensão condicional da pena, p. 57
Sursis, ver Suspensão condicional da pena
Suspensão condicional da pena e a substituição da pena por restritivas de direitos, p. 60
Suspensão condicional da pena, Sursis, p. 57
Suspensão condicional do processo, p. 61
Temperamento, p. 74
Terceira fase, p. 105
Tipo derivado, p. 66
Tortura, p. 18
Tráfico de Drogas, p. 18
Tráfico de Entorpecentes, p. 18
Tráfico de Entorpecentes, Pena-base, p. 99
Tráfico, ver Drogas
Tráfico, ver Entorpecentes
Transação, Juizado Especial Criminal, p. 48
Trânsito, Interdição, p. 41
Trânsito, multa reparatória, p. 55
Trânsito, penas restritivas, p. 44
Violência ou grave ameaça, p. 30
Vitimologia, p. 77

Impressão:
Evangraf
Rua Waldomiro Schapke, 77 - POA/RS
Fone: (51) 3336.2466 - (51) 3336.0422
E-mail: evangraf.adm@terra.com.br